El Evangelio del Zapatero

El Evangelio del Zapatero

Un relato

DANIEL BRENT

Traducido por Miguel Arias

LOYOLAPRESS.

CHICAGO

LOYOLAPRESS.

3441 N. ASHLAND AVENUE
CHICAGO, ILLINOIS 60657
(800) 621-1008
WWW.LOYOLABOOKS.ORG

Publicado en inglés bajo el título *The Shoe Maker's Gospel*.
Traducción al castellano por Miguel Arias © 2006 Loyola
Press.

*Foto de portada: Todd Gipstein/CORBIS. Arte interior y
fotografía: Phil Martin.*

Diseño de portada: Rick Franklin
Diseño interior: Kathryn Seckman Kirsch

Library of Congress Cataloging-in-Publication Data
Brent, Daniel.
  [Shoemaker's Gospel. Spanish]
  El Evangelio del Zapatero : un relato / Daniel Brent ;
traducido por Miguel Arias.
    p. cm.
  ISBN-13: 978-0-8249-2431-7
  ISBN-10: 0-8294-2431-8
  I. Title.
PS3602.R456S5618 2006
813'.6—dc22

                                        2006012389

Impreso en los Estados Unidos de América
06 07 08 09 10 Bang 10 9 8 7 6 5 4 3 2 1

Para Besty, Megan y Maura, las tres mujeres
que en mi vida han ejemplificado los ideales
y sensibilidad de Jesús.

Índice

Prefacio

Pocos expertos en la Sagrada Escritura creen que los evangelios fueron escritos por los apóstoles Mateo y Juan y por dos acompañantes más: Lucas y Marcos. Sabemos que los documentos escritos aparecieron décadas después de la muerte de Jesús y que representaron el esfuerzo de preservar por escrito los hechos y dichos del Maestro.

En la corriente principal del cristianismo, los especialistas están de acuerdo en que el estilo literario empleado por los autores de los evangelios les permitió una gran libertad en cuanto a la forma en que ordenaron sus propios relatos acerca de Jesús, mediante las historias que recordaban por sí mismos y aquellas que las comunidades cristianas del primer siglo transmitían oralmente a los demás. En el transcurso de los siglos, los cristianos hemos seguido recapturando el mensaje de Jesús y profundizando lo que su mensaje significa para nuestra vida y las circunstancias en que vivimos. Es buena nuestra teología cuando creemos que, por acción del Espíritu de Dios, podemos continuar descubriendo lo que significa para nosotros hoy la vida y el mensaje de Jesús, como han intentado hacerlo las generaciones que nos preceden y lo seguirán haciendo las generaciones posteriores.

Una vez mi hija me desafió a que identificara cuatro personas, del pasado o del presente, reales o imaginarias, con quienes me gustaría conversar y compartir un almuerzo. Escogí a Jesús, Pablo, Benjamín Franklin y a mi papá, quien murió cuando yo era muy joven todavía. Un día pensé que sería muy interesante la creación imaginaria de esas conversaciones en torno a un almuerzo, ayudado de lo que sabía de antemano acerca de ellos. Mi propia fascinación con la conversación que pude haber tenido con Jesús me llevó a las notas iniciales del libro que ahora descansa en tus manos.

El modelo de meditación propuesto por San Ignacio de Loyola sugiere que recreemos en nuestra imaginación las escenas que se nos relatan en los evangelios y nos coloquemos nosotros mismos como parte activa de la escena. Situados ahí, miramos y escuchamos. Y en ese contexto, nos damos cuenta que es el Espíritu de Jesús el que nos dirige y reconocemos que no sólo estamos ejercitando nuestra imaginación sino realizando una peregrinación.

Este libro es el resultado de una meditación de este tipo. Los hechos, aunque están contados de marea creíble y se basan frecuentemente en los relatos de los evangelios, son fruto de mi propia imaginación. En realidad, se puede decir que estas imaginaciones se desarrollaron en el contexto de la oración y que por lo tanto, hasta cierto punto, fueron inspiradas por el Espíritu de Jesús. No obstante, el carácter y mensaje de Jesús, tal como los encontrarás en esta obra, reflejan el Jesús con el que he venido creciendo desde mi niñez, esto es, una persona específica a mis recuerdos y experiencias. Al dar una forma ordenada a estos relatos, me di a la tarea de volver a leer los relatos de la Escritura con toda mi intuición y todo mi corazón. Siguiendo el método ignaciano de meditación, escuché a las cigarras y a los grillos, así como a las personas que acompañaban a Jesús. Dejé que mi imaginación se llenara de escenas y conversaciones. Traté de sentir la emoción en las historias narradas por Jesús así como en las conversaciones que sostuvo con las demás personas. Me puse a mí mismo en la persona del zapatero y escuché al Maestro. Caminé junto a los discípulos, escuché sus conversaciones, contemplé sus reacciones y acciones.

Mi esperanza es que entres también en esta historia y formes parte de ella. Acaso estos relatos te lleven a construir los tuyos propios, y te permitan avanzar en tu peregrinaje espiritual.

Una palabra acerca del zapatero

Ya soy un hombre viejo.

Y los viejos tenemos el derecho de saborear nuestros recuerdos y reflexiones. Vuelvo la mirada hacia el pasado y me quedo asombrado por lo que la vida me ha dado. Ahora vivo esperando todo lo que la vida venidera tiene reservado para mí, en el momento en que por fin, pueda ver nuevamente al Maestro.

Esta historia comenzó hace algunas décadas, cuando apenas era un mozalbete. Mi padre era Isaac, un zapatero de Cafarnaúm, muy querido por la gente y, según los niveles económicos de los artesanos de la época, era también razonablemente próspero. Mi padre era un hombre viudo; mi madre había muerto antes de que tuviera edad suficiente como para recordarla. Él le prometió que me daría una buena educación, y siempre tuvo presente esa promesa, a veces casi obsesivamente. Cada mañana me enviaba sin falta a la pequeña escuela que formaba parte del templo. Durante las tardes y los días festivos, se daba a la tarea de enseñarme su oficio. Por supuesto, el Sabbath no trabajábamos; sin embargo, nos dirigíamos a la sinagoga y ahí él me leía las Escrituras ayudado de los rollos que conseguía prestados donde le fuera posible, muchas veces de los mismos escribas.

Siempre vi y percibí a mi padre como un hombre viejo. Ahora me doy cuenta que en realidad era bastante joven. Un día regresé a casa de la escuela para encontrarme con que había muerto repentinamente en su banco de trabajo. Él era todo lo que tenía y su muerte me dejó devastado. Era una pérdida muy honda. Pero no tenía tiempo para dejarme consumir por mi propio dolor. Con la ayuda y motivación –insistencia más que todo– de los hijos de Isaac, el escriba, con quienes llevaba una buena amistad, me hice cargo del negocio de mi papá. Lo que aún no sabía respecto a la fabricación de calzado, tuve que aprenderlo con rapidez debido a la necesidad. Como era de esperarse, mi papá había sido un buen maestro.

Aunque mi negocio no prosperó al principio, por lo menos me dio lo necesario para cubrir mis necesidades básicas y me permitió continuar de manera informal mis estudios y lecturas. Me encantaban las Sagradas Escrituras. Y qué bueno que era así, porque había muy pocas cosas disponibles para leer más allá de la Escritura. Iba con mucha frecuencia a la sinagoga para leer ahí los rollos que no me permitían llevar a casa. Leía una y otra vez los escritos que encontraba, además de la modesta colección que me había comprado mi papá.

Con el paso del tiempo y según mis posibilidades, comencé a comprar materiales escritos que ofrecían las caravanas que continuamente viajaban por Cafarnaúm y que cruzaban justo frente a mi taller de calzado. Fue así que comencé a desarrollar en mí el talento de escribir, aunque lo hacía torpemente al principio.

Casi siempre, al final del día, bajo la tenue luz de una lámpara de aceite que mi padre había atesorado por años, escribía mis reflexiones y experiencias. El sólo hecho de escribir algunas palabras me ayudaba a entender mis propios pensamientos acerca de Dios, de la vida, la política y las relaciones entre los seres humanos. Escribir también me ayudó a reconciliarme con la cruel experiencia de haber quedado huérfano a una edad tan temprana.

Fue dos años después de la muerte de mi padre, que el Maestro entró a mi vida.

Ya estaba acostumbrado a mi propia rutina de vida. Para entonces, me sentía muy cómodo con mi oficio de zapatero y mi negocio iba prosperando. Muchos de mis amigos ya se habían casado, algunos otros se habían ido a vivir a otra parte. De cuando en cuando viajaba a Jerusalén junto con algunos vecinos para tomar parte en algunas de las fiestas; estos viajes me dieron la oportunidad de disfrutar la hospitalidad de mis antiguos compañeros de escuela que ahora vivían ahí. Descubrí también que en Jerusalén podía comprar algunas pieles exóticas que nunca había visto en Cafarnaúm, a no ser calzando los pies de los oficiales romanos de alto rango.

La primera vez que fijé la mirada en el Maestro tuvo lugar en el Jordán, durante mi segundo viaje a Jerusalén. Me sorprendió enormemente cuando unas semanas después supe que se encontraba en Cafarnaúm, hablando a grupos pequeños que se apiñaban en torno suyo a la orilla del lago. Por mi parte, según mi oficio me lo permitía, comencé yo también a ir a escucharlo junto al lago. Después de todo, era sólo una caminata de diez minutos. Casi siempre, al finalizar el día, dedicaba algún momento para poner por escrito lo que el Maestro había dicho o hecho ese día.

Han pasado más de cuarenta años desde aquellos días emocionantes en que Jesús enseñó a la ribera del lago y muchos de nosotros tuvimos la extraordinaria oportunidad de escucharlo. Poco tiempo después de su muerte, me casé y tuvimos cinco hijos. A pesar de que todavía viven tres de ellos, he vivido solo durante los últimos diez años. Además, soy abuelo y tengo una nieta, una pequeñita llamada Martha, a quien amo tiernamente.

Aún tengo el taller en el mismo lugar de siempre, pero ya no trabajo con la misma intensidad. Ahora me doy más tiempo para leer y realizo largas caminatas para estar en los lugares donde Jesús enseñó. Aún puedo ver las multitudes y escuchar su voz. En otras ocasiones sueño despierto y siento que él me llama. "¡Hola, Chanclas! ¡Ven y siéntate junto a mí!". Cuando esto sucede, siento como si me hubieran arrancado parte de mi alma y deseo profundamente estar ahí junto a él.

Estos años me han revelado una verdad profunda: ¡Qué privilegio fue haberlo conocido personalmente y haber sido testigo de lo que aconteció durante esos días! A menudo lamento haber dejado Jerusalén un día después de su muerte. De lo contrario, estoy casi seguro de que hubiera estado entre alguno de los grupos a los que se apareció durante las semanas posteriores a su muerte.

Pasado algún tiempo, cuando se hizo muy claro para nosotros que ya no se aparecería más como lo había venido haciendo, y que su segunda venida no sucedería mañana o pasado mañana, la vida fue tomando su propio ritmo. Sus seguidores asistían cada vez menos a la sinagoga y, francamente hablando, su presencia en ese lugar era cada vez menos apreciada. Aquellos que lo habíamos seguido nos reuníamos el primer día de la semana, en lugar de reunirnos el Sabbath. Descubrí que éramos muchos más de los que hubiera podido imaginar, aun después de haber visto las multitudes alrededor suyo en Galilea o en otras partes durante los mejores días de su predicación. Nos reuníamos en cualquier sitio donde alguien nos recibiera con gusto; compartíamos los recuerdos que conservábamos de él; partíamos su pan y bebíamos su copa.

Con el paso de los años, la mayoría de los que convivieron con Jesús durante su ministerio han llegado a ocupar puestos de autoridad. Son ellos los que tienen los mejores relatos y son también los que gozan de la credibilidad que otros, sencillamente, no tienen. Algunos se han ido a otros países, convencidos de que el deseo de Jesús era que llevaran su mensaje a los gentiles. Por cierto, hay un nuevo testigo, un varón muy celoso, de nombre Pablo, natural de Tarso, que se ha unido a los discípulos de Jesús para predicar su mensaje en Corinto e inclusive en Roma. Algunas personas que eran del círculo más cercano a Jesús han muerto o han sido asesinados. Los parientes de Jesús estaban representados mayormente en la persona de Santiago, quien, después de la crucifixión de Jesús, lo aceptó plenamente como mensajero de Dios. Por cierto, Santiago se ha convertido en el principal testigo de Jesús en Judea, aun cuando no escuchó ni presenció la mayor parte de la vida ministerial de Jesús.

He notado que conforme más envejecen los testigos originales de los hechos y dichos de Jesús, sus relatos sobre el Maestro se van condensando más. Algunos detalles van quedando fuera, y en algunas ocasiones las historias parecen haber cambiado tanto que quienes fueron testigos oculares de los hechos apenas pueden reconocerlas. Durante algún tiempo esta evolución de los relatos me molestó mucho. Sin embargo, he llegado a la conclusión de que esto no le hubiera disgustado del todo al mismo Jesús, debido a que el alma de su mensaje ha quedado intacta. De hecho, si los relatos resultan más fáciles de recordar y es más difícil que perdamos de vista la esencia del mensaje, entonces estoy seguro de que el Maestro estaría muy contento con el resultado final. Además, él mismo prometió un Intercesor que se quedaría con nosotros cuando él se fuera. Creo que este desarrollo de los relatos es una manera en la que podemos experimentar esa presencia intercesora.

Aquella pequeña banda que se reunía continuamente en las orillas del mar de Galilea para aprender del Maestro, ha crecido tanto y ha incluido entre sus miembros a muchísima más gente de la que escuchó directamente el mensaje que predicó mientras estuvo entre nosotros. No hay duda de que el relato de la vida del Maestro se ha convertido en una sinfonía épica que sigue la misma secuencia y los mismos movimientos dondequiera que se canta. Cada vez que nos reunimos, en cualquier tiempo y lugar, a cantar esta historia y a partir su pan, aún puedo sentir su presencia entre nosotros. Él nos sigue hablando del interminable y firme amor de su Padre. Nos desafía a que cuidemos de la viuda y del pobre, del huérfano y el enfermo. Nos recuerda el Reino que tenemos por herencia, como hermanas y hermanos suyos que somos. Aún nos sigue abrazando con aquella mirada profunda y esa voz resonante que le caracterizaron.

He sido bendecido de manera muy singular al ser uno de los participantes de ese gran drama por medio del cual Dios entró en escena y reconstruyó la historia. Más que Adán, Noé, Abraham, Moisés o David, es en Jesús que Dios ha establecido de una manera nueva la relación con su pueblo. ¡Y yo estuve ahí! Ahora, más que nada, me gustaría poderle regalar aunque fuera uno solo de esos días a mi nieta Martha, pero no es posible. Así que, más de veinte años después de haberlas escrito, heme aquí, dejándole estas endebles notas a mi nieta: el legado de un abuelo. Desearía haber captado cosas más allá del diálogo, más detalles, más relatos y muchos más sucesos. Pero esto es lo que es, un relato.

Espero que mientras la pequeña Martha va conociendo a este Jesús en la comunidad de discípulos que serán sus contemporáneos, encuentre en estas páginas un destello de este Señor, Maestro y amigo de su abuelo "El Chanclas".

El río

El Bautismo de Jesús

*La condición humana gime por la redención
y voy a dirigirme a ella con acciones, no sólo
con palabras.*

Hoy vi en el Jordán a una persona sumamente carismática, cuyo nombre es
Jesús, según me han dicho.

Mi casa y mi negocio están en Cafarnaúm,
pero he estado en Jerusalén durante una semana
realizando algunos negocios y visitando algunos
amigos. Por toda Jerusalén y sus alrededores cir-
culaban noticias acerca de Juan, el bautista. De
hecho, algunos amigos habían ido hasta el río para

verlo personalmente y después regresaban contando historias acerca de su predicación. Su mensaje era un balde de agua fría: ninguno de nosotros estaba viviendo como Dios esperaba que lo hiciéramos y había llegado el tiempo de enderezar nuestra vida.

Ese "demás" es un poco vago, pero sin duda alguna se refiere a lo malo. ¡Se ha desenvainado la espada divina! En esos días en que muchos líderes religiosos se hacen presentes en el río, Juan es más fascinante aún. Dirige su atención a ellos y los reprende con una furia sin igual. Por alguna razón misteriosa, esos líderes acuden a escuchar a Juan más frecuentemente de lo que uno pudiera creer que desean hacerlo. Imagino que algunos de ellos fueron al principio para ver con sus propios ojos lo que Juan estaba diciendo y haciendo. La situación política de Palestina es muy delicada. Los líderes religiosos de alguna manera habían aprendido a proteger su libertad bajo el dominio romano. Lo que el Imperio requería de ellos es que no levantaran o permitieran que surgiera algún movimiento político. Si alguien o algo estaba causando problema, era preciso investigarlo cuidadosamente. Así que por lo menos desquitaba ir a verlo en persona.

Sospecho que los primeros jefes religiosos que se aventuraron a escuchar la predicación de Juan pensaron que podrían pasar desapercibidos entre la multitud. Desafortunadamente para ellos, alguien me contó que aquellas "multitudes" no eran tan grandes como la gente decía que eran, así que no había lugar para que se escondieran. No fueron lo suficientemente inteligentes como para disfrazarse. Era obvio que no esperaban que la atención se dirigiera hacia ellos. Pienso que esperaban desacreditar la sencillez del mensaje de Juan contrastándolo con el exquisito conocimiento que poseían de la Ley.

En todo caso, Juan se había dado cuenta de que estaban entre la gente, y siempre que venían, los señalaba con su mensaje y a menudo los hacía verse mal frente a la gente. Les ha venido diciendo que son unos sinvergüenzas, para deleite de muchos de quienes lo escuchan. Es indudable que las palabras de Juan llevan en sí mismas el peso de la verdad cuando se refiere a estos líderes hipócritas que ponen encima de los demás cargas que ellos mismos no serían capaces de llevar. Algunos de nosotros hemos sentido su juicio expreso o implícito. Aún así, Juan dice que, lejos de ser jueces y modelos de santidad, son los peores pecadores, porque se escudan en su cargo y oficio religioso para lucir ante los demás lo justos que son.

Los días en que los líderes religiosos no hacen acto de presencia, el bautista vuelve su cólera hacia la gente ordinaria. Los acusa de ser adúlteros, mentirosos, holgazanes y más, y los amenaza con el fuego del infierno. Les dice que pueden escapar de la cólera y el juicio divinos a no ser mediante una conversión radical de su vida, regresando al camino del Señor y renunciando a la maldad que ha caracterizado su modo de vivir. Como evidencia de este cambio de corazón, Juan los invita a entrar en el río para ser bautizados y, simbólicamente, quedar limpios de toda complicidad con pecaminosas conductas.

He ido al río en dos ocasiones mientras he estado en Jerusalén. La primera vez escuché embelesado el mensaje de Juan y me acerqué al río para ser bautizado por él. No creo caer en ninguna de las categorías de pecadores que Juan señala. Y sin embargo, de alguna manera me resultó imposible no ser atrapado por la predicación de Juan y el entusiasmo del momento. Hoy fue mi segunda visita al río, y estuve en la primera línea de la multitud, escuchando atentamente el mensaje de Juan.

Fue entonces cuando Jesús apareció. Juan no lo había notado o no lo reconoció, hasta que Jesús se metió al río para que también lo bautizara. Juan retrocedió. Estaba obviamente confundido y, de repente, se quedó sin palabras. Fue tan notable la transformación de su semblante que todos en la multitud se dieron cuenta de que algo estaba pasando.

Juan musitó algo a los oídos de Jesús para hacerle ver que era totalmente inapropiado que él lo bautizara. "Tú eres quien debe bautizarme a mí", alcancé a escuchar que le decía. Pero Jesús insistió, diciéndole: "La condición humana gime por la redención y voy a dirigirme a ella con acciones, no sólo con

palabras". Entonces Juan, evidentemente desconcertado, accedió. Qué fue lo que pasó entonces, no
estoy seguro. Algunos que estaban cerca me dijeron
que habían escuchado una fuerte voz que provenía
de lo alto. A mí me pareció que era el ruido de un
trueno, pero no recuerdo que hubiera una sola nube
en el cielo. Después sobrevino un gran silencio. No
sé cómo fue que Jesús se retiró, pero sólo hasta después caí en la cuenta de quién era él. Después de
bautizar a Jesús, Juan se quedó como paralizado en
medio del río, silencioso y estupefacto, mientras la
gente se fue retirando sigilosamente. Aún estaba
ahí cuando yo me retiré.

El lago

2

La importancia del ejemplo

Tengan cuidado de no regodearse en las
alabanzas que les traen sus buenas acciones.

"**¡C**uidado con regodearse en que la gente les alabe por sus buenas obras!"

Mi casa está en la calle principal que lleva a Cafarnaúm. Es pequeña y contiene una cocina lo suficientemente grande como para albergar una mesa donde usualmente consumo los alimentos. El segundo espacio es mi recámara. Desde que murió mi papá saqué la segunda cama que tenía y construí un pequeño escritorio acompañado de un estante, que es donde guardo mis rollos y materiales de escritura. El cuarto principal que está al frente, alberga ahora el banco de trabajo propio de un zapatero, que mi papá había mantenido acomodado en la recámara. Disfruto mucho al mirar a través de la ventana lo que sucede en la calle mientras estoy trabajando. Esta distribución del espacio también me permite mantener un área de recepción que resulte atractiva para los clientes. Ahí he puesto una mesa redonda y cuatro sillas robustas y cómodas. Otras dos sillas que están ahí, tapizadas de tela verde, son muy especiales para mí, porque las heredé de mi papá.

Esta tarde Jesús se dirigió a un grupo pequeño que se encontraba en la orilla del lago de Cafarnaúm. Les habló acerca de la coherencia necesaria entre palabras y obras. Últimamente he ido al lago con más frecuencia para así poder escucharlo. Como predicador es cautivador, y su mensaje, de alguna manera, deja un hondo toque de bondad en mi alma.

Desde luego que quedé sorprendido cuando me enteré de que aquél a quien había visto en el río Jordán ahora había aparecido en nuestra comunidad y andaba predicando a las orillas de nuestro plácido lago. Nunca pasa nada en Cafarnaúm. El sol sale y se pone sin que eso inquiete en lo más mínimo a sus pobladores. Ya entrada la mañana, el aire nos trae el olor a pescado porque es cuando los pescadores traen a la orilla su pesca y la llevan al mercado. El viejo Felipe, quien tiene un pequeño jardín en una parcela detrás del patio de mi casa, hunde y empuja el azadón en medio de sus plantas, cultivando sus esperanzas a la vez que ejercita un poco a sus perros, que le persiguen y le ladran cuando no hay otra cosa moviéndose cerca. Algo especial sucede cuando, ocasionalmente, entra alguna caravana que se dirige al crucero que conduce a Damasco o se dirige a la posada de Zenoff, que se encuentra en la cima del monte. Las mismas caravanas perderían su atractivo si no fuera por la persecución y la gritería de los niños que siempre corren a la par, a fin de fastidiar un poco a los animales y pedir algún obsequio o moneda a los amos de la caravana.

Así que cualquier cosa que se salga de lo ordinario se convierte en noticia. Las bodas, funerales y nacimientos son asunto de toda la comunidad. Para mí, aun el hecho de terminar o vender unas sandalias es un evento muy especial.

Por lo tanto, la aparición de este predicador en medio de nuestra comunidad ha suscitado un gran interés. Sería una exageración decir que todo el mundo acude a verlo, pero algunas veces pareciera que el pueblo entero está alrededor suyo. Su mensaje parece ser más amplio y complejo que el mensaje de Juan en el Jordán. Y, aunque no elude el regaño y la amenaza, su mensaje me parece mucho más equilibrado. Aun más, uno puede acercarse sin miedo a él, y hasta resulta una persona agradable. De hecho, los niños se sienten muy cómodos con él y, por mi parte, cuando me retiro de las reuniones junto al lago, me siento como refrescado interiormente. Él nos asegura que, aun en nuestros días más difíciles, estamos cobijados bajo el abrazo amoroso del Padre.

Sin embargo, su mensaje no es fácil. Muy a menudo me hace sentir que hay mucho más acerca de mí mismo de lo que ni siquiera me doy cuenta o estoy dispuesto a examinar con tranquilidad. No considero ser un gran pecador, pero los días que lo escucho, vuelvo a casa más consciente de la brecha que existe entre mi vida y el estilo de vida al que él nos llama. El día de hoy ha sido un ejemplo claro de ello.

Su mensaje fue algo así como esto. "Si dices a los demás, 'haz esto o aquello', y tú no lo haces, tus palabras están vacías. Debes comportarte de una manera coherente con tus palabras, o de otra manera, eres un hipócrita. Por ejemplo, puedes decirle a tus hijos lo que esperas de ellos, pero si ellos no te ven actuando de esa manera, tus palabras son un desperdicio. Eres una campana sin badajo. Si no pueden ver la sabiduría de tus palabras reflejada en tu propia vida, aun tus mismos hijos dejarán de hacerle caso a tus palabras, pues éstas carecen de sentido. Además, es el ejemplo el

que da la claridad, no las palabras. No puedes enseñar un oficio diciendo: 'haz esto o aquello'. Debes
enseñarle al aprendiz cómo hacerlo en la práctica,
al mismo tiempo que se lo explicas con palabras.
Aprenderán más con sus ojos de lo que aprenden
con sus oídos".

Cuando llegó a este punto, una sonrisa astuta
se dibujó en su rostro. "Pero tengan cuidado de
esto", dijo. "Si tu principal motivación es presu-
mir, incluso tu buen ejemplo se corromperá. Si me
comporto de tal o cual manera sólo para que otros
tengan un buen concepto de mí y digan: 'vean qué
bueno, astuto, generoso o piadoso es', entonces
el mérito de lo que hubiera sido un buen ejemplo
queda destruido automáticamente por mi torcida
motivación. Esta es precisamente la disputa que
tengo con las autoridades religiosas. Algunas de
sus prácticas son superficiales. Pero si actuaran con
rectitud de intención, a pesar de que su conducta
pudiera ser malinterpretada, no estaría tan adolo-
rido con ellos como lo estoy cuando veo que actúan
sólo para conseguir alabanzas de los demás".

"Nuestro buen ejemplo debe estar motivado por una convicción auténtica de que eso es lo que debe hacerse. No escondan sus buenas obras. Es bueno que otros las vean, aprendan de ellas y que por medio de ellas se motiven a realizar obras de bondad y generosidad. Aprendemos la virtud del ejemplo que nos dan las personas virtuosas. Pero ¡cuidado en regodearse en que la gente les alabe por sus buenas obras o en la buena reputación que éstas les ganan! ¡La bondad no está en las apariencias, sino en quiénes son realmente ustedes!".

Esta tarde regresé al taller esperando reparar unas sandalias que prometí que estarían listas para mañana. Me senté en mi banco de trabajo y saqué mis herramientas del gabinete. Sin embargo, mi mente estaba tan ocupada en lo que había escuchado y en la calidad moral de este Maestro, que no lograba hacer que mis manos y mi cabeza trabajaran juntas. Finalmente me di por vencido y salí a la calle para sentarme a la sombra del tejabán y me puse a examinar cuidadosamente los pensamientos y las preguntas que, como cascada, cruzaban por mi mente.

Han pasado muchas generaciones desde que un profeta fue visto y escuchado en Israel. ¿Es posible que esté siendo testigo del siguiente profeta? No parece ser así. Y, sin embargo, este hombre habla con tal convicción que su mensaje tiene la fuerza de un desafío que parece venir directamente del Señor. Es así por lo menos para este zapatero insignificante de un pueblo insignificante. ¿Pero es precisamente esa insignificancia lo que lo hace tan poco probable?

3

Chanclas

El banco de trabajo es un lugar tan sagrado
como el templo.

Lo vi brevemente esta mañana. Estaba por
salir a dar una caminada y agarrar algo de
aire fresco cuando pasó por ahí con unos
cuántos de sus amigos más íntimos. Estaban carca-
jeándose. El que lleva el nombre de Tomás –Jesús
lo llama Viento del Sur– estaba contando una historia acerca de uno de sus clientes que había tratado de hacerle trampa, y cuando fue sorprendido,
se inventó una historia impresionante para explicar que había sido un error honesto. Se dirigían

hacia el lago, y parecía que Jesús estaba de muy buen genio. Pienso que disfruta mucho de la compañía de Tomás, quien, según he percibido, tiene un agudo sentido del humor. Seguramente esto es como tónico fortificante para un predicador cuyo mensaje no siempre es popular o bien recibido.

No podía acompañarlos. Pero me paré en la puerta de mi taller y los vi mientras pasaban. Jesús me reconoció y me gritó: "¡Buenos días, Chanclas!". Él tiene un apodo para cada persona. Debió haber visto el desacuerdo manifestado en mi rostro, porque me miró fijamente a los ojos por un momento y añadió: "El banco de trabajo es un lugar tan sagrado como el templo".

Al parecer Jesús no vive lejos de mi casa puesto que se hospeda en la orilla del lado oeste del pueblo, a sólo a diez minutos de distancia. Se queda en un modesto apartamento que renta en la posada de Zenoff. Ahí se detienen a comer las caravanas que van al Este o al Oeste, además aprovechan para pasar la noche y hacer que sus animales descansen.

Yo mismo voy ahí de vez en cuando a comer o para socializar con mis amistades. La esposa de Zenoff es una excelente cocinera, mientras que Zenoff completa la mancuerna porque es anfitrión y copero a la vez. Creo que entre Jesús y él hay un acuerdo de mutua colaboración: Zenoff no le cobra, pero si se necesita algún trabajo de carpintería o alguna reparación menor, ésa la hace Jesús. Además de los cuartos de la posada, Zenoff también tiene un establo para que descansen los animales, donde guarda dos o tres burros que tiene. De cuando en cuando Zenoff mismo monta uno de sus burros, pero creo que la mayor parte de las veces hace negocio con ellos, ya sea que los compre, los venda o los intercambie con alguno de los jefes de la caravana. Es común que compre un animal que esté enfermo o que necesite algo de cuidado, lo atiende hasta que el animal se recupera, y luego lo vende a la siguiente caravana. Una noche que estábamos muy divertidos en la posada, recuerdo haber escuchado a Zenoff contándonos cómo fue que le vendió un burro a su dueño original cuando éste hacía su viaje de vuelta. Obtuvo muy buena ganancia con sólo darle unas cuántas semanas de descanso al burro.

No estoy seguro de esto, pero creo que cuando la posada está muy llena, Jesús deja libre el apartamento en el que duerme de tal manera que Zenoff pueda rentarlo a alguien más. Cuando esto sucede, creo que Jesús se queda con sus admiradores del pueblo. Sospecho que otras noches simplemente se va al desierto a pasar allá la noche. Además de ser un hombre reflexivo, también es un hombre de oración. Estoy seguro que hay ocasiones en que, aun cuando la posada no esté muy llena, el ruido de los que se encuentran ahí es demasiado y esto no le ayuda a orar o reflexionar... bueno, ¡ni siquiera permite dormir! Las pocas veces que he estado nunca lo he visto unirse al jolgorio. En una ocasión lo vi que estaba cenando. Compartía la mesa con algunos de sus íntimos amigos y al parecer todos lo estaban disfrutando, pero se retiraron antes de que la gente comenzara a beber en serio.

4

El exorcismo

*Estaba ahí esta mañana para arrebatarle
esa mujer a Satanás.*

Aparentemente Jesús tuvo un día muy difícil.
No estuve ahí esta mañana, pero las personas que suelen acudir a verlo o escucharlo
me contaron que realizó una especie de ritual en el que
se comportó de una manera bastante extraña. Todo
ocurrió exactamente frente a la posada. Ahí estaba,
frente a frente con la mujer, gritando y gruñéndole,
dándole órdenes en un raro lenguaje que, a decir de
los testigos, era toda una jerigonza. Algunos dijeron
que Jesús estaba babeando, como si le estuviera dando

un ataque; otros, en cambio, afirmaban que era la fuerza de sus gritos la que provocaba que escupiera sin querer. Como quiera que haya sido, los testigos comentaron que presenciar aquello fue algo horrible y que duró por lo menos unos cinco minutos.

Parece que algunos de los familiares o amigos de la mujer pensaban que estaba poseída por un demonio y, dado que percibían a Jesús como un hombre santo, le pidieron que la sanara. Probablemente querían evadir la muchedumbre del lago, así que fueron a buscarlo a Jesús la posada y lo encontraron cuando estaba a punto de salir. Todavía estaban ahí algunas personas de las que siempre andan con Jesús y, por supuesto, los huéspedes de la posada, que al escuchar los gritos, salieron para ver qué estaba pasando. La mujer y Jesús comenzaron a gritarse mutuamente en aquel extraño lenguaje. Me contaron que había personas listas para intervenir si el pleito subía más de tono. Cuando hubo terminado todo, llegaron al lugar algunos hombres de la sinagoga. No sé si escucharon la gritería o si alguien fue a alertarlos de lo que estaba sucediendo.

Al cabo de un rato la mujer comenzó a tranquilizarse y hablar de manera natural. Mis amigos me contaron que no podía recordar absolutamente nada del incidente. La gente que la había llevado estaba regocijante de alegría. Jesús también se había tranquilizado, y recibió la profunda gratitud de quienes llevaron a la mujer, pero no hizo comentario alguno en torno a lo sucedido. Finalmente el grupo se marchó, llevándose a la mujer mientras le explicaban lo que había sucedido. Los discípulos dijeron que, después que se marcharon, Jesús quedó exhausto y silencioso. De hecho, no fue al lago.

Yo me enteré de todo porque hubo personas que se detuvieron en el taller para contarme lo sucedido, así que por la tarde yo mismo acudí a la posada. Con toda seguridad, Jesús estaría ahí hablando con unas cuantas personas. No parecía que fuera yo un extraño o que hiciera mala compañía, así que me senté en las filas de atrás y me puse a escuchar. "Los curiosos de la sinagoga no se impresionaron con lo que hiciste", le dijo uno de sus amigos. "Escuché a dos de ellos decir que utilizaste el poder de Satanás para expulsar al demonio que estaba dentro de ella".

"Si realmente pensaran en ello", dijo Jesús, ellos mismos se darían cuenta de que no tiene sentido que Satanás esté expulsándose a sí mismo. Si el reino de Satanás está en medio de una guerra civil, terminará por destruirse a sí mismo sin que tengamos que luchar contra él, pero no es éste el caso. Debemos pelear y confrontar a Satanás en cualquier lugar y momento en que lo encontremos".

"¿No es interesante que cuando expulso demonios dicen que es por medio de la fuerza de Satanás? Es porque no me tienen confianza. De hecho, creo que ni siquiera están en contra de lo que predico. Es mi crítica incesante en torno a sus exigencias lo que los pone nerviosos. Tienen miedo porque saben que estoy carcomiendo la argamasa con la que pegaron los ladrillos del edificio que construyeron. Es un templo levantado con ladrillos hechos por mano humana, que mantiene presas a las personas, y los hace sentirse culpables y arrepentidos respecto a sus malos procedimientos. ¿De verdad le importa a Dios qué tan frecuentemente nos lavamos las manos? En cambio, Dios cuida de la viuda, pero ellos nos han llevado a ignorarla, o todavía peor, a verla como un problema social".

En ese momento llegó la esposa de Zenoff a dejar algunos dátiles y tortitas de higo y a preguntarnos si íbamos a ordenar algo para beber. Jesús le agradeció que estuviera ahí y se detuvo por un momento mientras ella realizaba su trabajo. Enseguida continuó su reflexión.

"Dado que debilito su autoridad, se sienten obligados a buscar razones para descalificar todo lo que digo o hago. No me sorprende el que hayan dicho que expulsé a Satanás con el poder de Satanás. Piensen en esto. Cuando los discípulos de ellos expulsan demonios, ¿por el poder de quién lo hacen? ¿El de Dios o el de Satanás? Si piensan que los demonios son expulsados por el poder de Satanás, están condenando a su propia gente. Pero si los demonios son expulsados por el poder de Dios, entonces, esta mañana el poder de Dios se hizo presente de una forma contundente".

Estaba hablando pausadamente y con gran mesura. Aún había algo de cansancio en su rostro y en el timbre de su voz. Había escuchado relatos de las confrontaciones que Jesús había tenido antes con personas poseídas, pero estos relatos no comunicaban con precisión lo que realmente había sucedido. Siempre había escuchado que eran altercados verbales y que el comportamiento de Jesús en esas situaciones parecía estar fuera de lo normal, "loco", era la palabra que utilizaban para describir a Jesús.

"El incidente de esta mañana parecía una pelea callejera", le dijo Simón a Jesús. Simón es uno de los pescadores, a quien Jesús llama: "Roca". Siempre que he ido al lago, he notado que Simón está muy cerca de Jesús. "No sabíamos qué hacer. Parecía que tú y esa mujer estaban en plena competencia para ver quién gritaba más fuerte. Pensamos que acabarían a golpes".

"No hay una manera fácil de pelear contra el demonio", replicó Jesús. "Estaba ahí esta mañana para arrebatarle esa mujer a Satanás. Jamás entras a la casa de Satanás y te retiras con lo que quieres, no es así de fácil. Necesitas darle un buen golpe o incapacitarlo de tal manera que puedas marcharte con lo que has venido a llevarte. Piensen en esto: es como si se tratara de un ladrón que quiere algo valioso que hay en una casa. Lo primero que debe hacer es incapacitar al dueño. De otra manera, el dueño no lo dejará que robe y que tranquilamente se salga con la suya. Estuve en una pelea con Satanás, no con la mujer. Gané y le arrebaté a esa mujer para devolvérsela a su familia".

"Jefe", dijo Tomás, a quien el Maestro llama "Viento del Sur": "¡Te acabas de comparar con un ladrón! ¡Estoy seguro que a los tipos de la sinagoga les gustaría mucho tu comparación!".

El comentario de Tomás rompió la tensión que reinaba en ese momento y nadie entre nosotros se rió más fuerte que Jesús. De repente, se le vio otra vez energético y totalmente relajado. "Siempre está más calientito cuando sopla el Viento del Sur", dijo Jesús, burlándose de Tomás. Un poco después de esta conversación, el grupo se separó y Jesús regresó a su apartamento. Esa tarde no habría viaje hacia el lago.

Conflicto familiar

Seguimos la luz que tenemos y cumplimos
nuestras obligaciones de acuerdo a lo que
vemos.

El día de hoy se aparecieron unos cuantos de sus parientes en la posada de Zenoff. Aunque apenas había pasado un día de lo acontecido con aquella mujer, la noticia ya se había extendido hasta Nazaret. La mayoría de sus parientes, especialmente los hombres, no creían absolutamente nada de lo que oían. Me supongo que cuando alguien como Jesús crece y se dedica a la predicación itinerante, quienes han crecido cerca de él se dan cuenta de que no es como la mayoría de la gente. Al parecer, los parientes de Jesús tienen un alto aprecio por él y lo consideran una persona muy inteligente y "religiosa". Lo que les preocupa es el hecho de que no haya elegido las opciones vocacionales "normales" conocidas. ¿Por qué mejor no estudió y se convirtió en un Rabino o en un Fariseo? ¿Por qué andar de pueblo en pueblo y llamar la atención en torno a él? Si no le gustaba el mundo de la religión oficial, simplemente hubiera podido casarse, fijar residencia y continuar de carpintero. Después de todo, José, su padre, le había enseñado muy bien el oficio y Jesús era muy buen carpintero.

Pero su mamá también estaba muy preocupada por él. Ya había escuchado algunos cuentos acerca de que su comportamiento en Cafarnaúm rayaba en la locura, y María pensó que tal vez sería bueno que Jesús viniera a pasarse un tiempecito a casa. Debido a la insistencia de la madre, sus parientes habían venido a Cafarnaúm para ver qué estaba pasando con Jesús. Hablaron con Zenoff y con algunos otros que habían sido testigos de lo ocurrido con la mujer poseída. Juan (a quien Jesús llama "Trueno Dos"; su hermano Santiago es "Trueno Uno") y yo habíamos llegado temprano a la posada con el fin de ayudarle a Jesús a reparar un problema que había en la pared trasera. Así que presenciamos este encuentro familiar. Mientras continuábamos nuestro trabajo, Juan y yo no pudimos evitar escuchar la difícil conversación que estaban teniendo. Uno de sus parientes lo estaba regañando por su estilo de vida.

"No tienes un ingreso constante o algo de qué vivir. Tus amigos por lo menos trabajan y por esa misma razón pueden darse el lujo de sentarse y escucharte todo un mediodía. Pero tú predicas solamente cuando se te da la gana y cuando no quieres predicar, sencillamente no lo haces. Según lo que oigo decir a la gente, hay días, a veces muy seguidos, en los que no haces absolutamente nada. Mira Jesús, ¡Si duro varios días sin hacer nada, la gente me dirá que soy un irresponsable... y estarán en lo correcto!".

Jesús le respondió: "Seguimos la luz que tenemos y cumplimos nuestras obligaciones de acuerdo a lo que vemos. La vocación de cada quien tiene su propio ritmo y pasa por diferentes momentos. Los pájaros, por ejemplo, no construyen su nido cada mes, sino sólo cuando hay nuevas crías que lo necesiten. Aun los mismos sarmientos de la vid tienen tiempos de reposo. Si los apresuramos a que produzcan fuera de temporada, de ninguna manera le beneficia a la vid o al dueño de la vid".

Parecía estar impaciente, pero sólo buscaba ser razonable con su pariente. De hecho, pensé que ese mensaje estaba dirigido principalmente a gente como Juan y yo que, sin querer, lo estábamos escuchando.

Jesús deslizó suavemente su mano sobre la reparación que Juan y yo estuvimos haciendo. Dado que es carpintero, sospecho que lo hizo sin pensarlo, simplemente por la fuerza de la costumbre. Me retiré de ahí con sentimientos ambiguos, sin saber cómo un profesional evaluaría un trabajo burdo como el nuestro. Pero no hizo ningún comentario a propósito de esto, sino que continuó hablando, esta vez dirigiéndose a su mamá.

"¡Miren, escúchenme todos! Me gustaría que antes de que se regresaran a Nazaret pasaran al comedor de la posada para que juntos compartamos un buen almuerzo. Díganle a la esposa de Zenoff que lo cargue a mi cuenta", dijo. "Por cierto, él es mi amigo '"Chanclas..."'". Y volviéndose hacia mí, me dijo: "¿Podrías llevarlos al comedor y asegurarte de que los atiendan?".

Por mi parte, me sentí muy honrado de haber recibido aquella tarea, e inclinando ligeramente mi cabeza ante su petición, le pedí a su madre, María es su nombre, y a sus parientes que me acompañaran al comedor. El mismo Zenoff nos dio la bienvenida a la entrada y se aseguró de que estuviéramos lo suficientemente cómodos. Fui muy valiente al unírmeles en la mesa —eran siete personas en total— y decidí sentarme al lado de su madre.

Aun no era mediodía, así que éramos los únicos en el comedor. Zenoff y su esposa estaban muy contentos de vernos a todos juntos. Nos sirvieron algo de vino y se dispusieron a preparar los alimentos.

Muy pronto, casi sin pensarlo, ya había inundado a María con muchas preguntas acerca de Jesús. María, por su parte, fue muy gentil y comunicativa. En efecto, me dijo, Jesús había aprendido el oficio de carpintero directamente de su padre José, que había muerto unos años atrás. Desde sus primeros años Jesús se sintió llamado a ser un mensajero de su Padre celestial, y aunque amaba inmensamente a José, siempre supo que llegaría el día en que tendría que dejar Nazaret. Fue muy difícil cuando se despidió de casa, pero –confesó– ella ya sabía que ése era el destino de Jesús. María había dedicado su propia vida al servicio de Dios y ni siquiera se le ocurría que sus preferencias personales pudieran interferir con los planes que Dios tenía para su hijo.

"¿Y cómo te las arreglas sin él?", pregunté.

"Él y mi esposo, José, me dejaron algunos ahorros", me explicó. "El resto de la gente cuida que yo tenga lo necesario".

"¿El resto de la gente?", murmuré.

"Todos nos conocemos en Nazaret", dijo. "Además, creo que la mitad de los habitantes son nuestros parientes. Benjamín –es aquel muchacho robusto que está al otro lado de la mesa– va a casa casi todos los días para asegurarse de que estoy bien y que no me falte nada. No es que yo necesite gran cosa, pero como él se da cuenta de lo difícil que es para mí estar sola, viene y se sienta a platicar y me pone al tanto de las noticias del pueblo. Con mucha frecuencia escucha todo lo que se cuenta de Jesús, mucho antes de que yo me entere.

El muchacho fornido que María había señalado hacía un momento era precisamente el mismo que había acusado a Jesús de irresponsable. "Hace un rato parecía que Benjamín no está muy contento con el proceder de Jesús", añadí.

"Por supuesto que Benjamín se preocupa por Jesús, de hecho, Benjamín se preocupa por todo, dijo sonriendo. Sabe que en Jesús hay algo especial, pero no puede entender por qué Dios algunas veces nos guía por caminos tan extraños. A él le gustaría que todos actuaran como él lo hace. Al oír lo sucedido el día de ayer, fue precisamente Benjamín quien pensó que debíamos venir a ver a Jesús".

"Pues bien, parece que esta mañana no logró desviar a Jesús del camino que ha elegido, ¿no te parece?", murmuré.

"No", dijo, sonriendo. "Jesús sabe lo que quiere su Padre y no dejará que nada se interponga en el camino. No me sorprende su reacción. Me apena un poco el que lo hayamos molestado de esta manera. Sin embargo, pensé que era una buena idea invitarlo a que regresara a casa y se estuviera ahí por un buen tiempo".

Me pareció muy interesante el hecho de que ella hablara del "Padre" de Jesús refiriéndose a Dios y no a José.

"Deberías quedarte un día o dos para que tengas la oportunidad de escuchar el mensaje que nos dirige cuando nos reunimos en torno a él a las orillas del lago", le sugerí. Lo que nos enseña es desafiante e inteligente. Es la misma voz de Dios la que escuchamos cuando nos reunimos".

"Lo que dices es más acertado de lo que te imaginas", replicó. "Ha vivido consumido en el mensaje de Dios desde que era niño. Y no debes olvidar que lo tuve junto a mí durante muchos años antes de que comenzara su vida de predicador itinerante".

Inexplicablemente su rostro ensombreció de tristeza. Sus hermosos ojos oscuros lanzaron destellos preocupación. De pronto, fijó la mirada en el suelo.

"Estás preocupada por él", dije. Proclamador de lo obvio, ¡ese sí que es mi gran talento!

"Juan, mejor conocido como el bautista, es mi sobrino. Lo conocí desde antes que naciera. Ahora ha sido arrestado y encarcelado porque no quieren escuchar su mensaje. No quieren escuchar lo que Dios exige de ellos. Ahora temo por la vida de Juan".

"Tienes miedo de que Jesús corra con la misma suerte", dije.

"Y por la misma razón".

Fue entonces cuando apareció la esposa de Zenoff con los platillos de pescado cocido en jugo de limón, acompañado de nabos y panes con aceite de olivo. "Es un honor servir a la familia de Jesús", dijo abiertamente. "Y no pueden emprender el camino de regreso a casa con el estómago vacío".

Si el fracaso de su misión les había robado el apetito, el aroma de la comida se los devolvió, de tal manera que todos comieron alegremente. Ya casi al final del almuerzo, Jesús vino y se sentó al lado de su madre. Le preguntó acerca de uno de sus tíos que había estado enfermo. Entonces, ellos aprovecharon para poner al tanto a Jesús de lo que venía sucediendo en Nazaret. Cuando el grupo se puso de pie y se dispuso a partir, Jesús y su madre se dieron un cariñoso abrazo, y después Jesús manifestó su gratitud y afecto a cada uno de la habían acompañado. Para cuando habían agradecido a Zenoff y a su esposa la hospitalidad recibida, el comedor comenzaba a llenarse de gente que llegaban para almorzar. Vi que María se dirigía a la puerta que da a la calle. La esposa de Zenoff nos acompañó a todos hasta la puerta, y todavía seguía conversando con María cuando las dejé. Al llegar de nuevo al comedor noté que Jesús ya se había marchado.

6

Mansedumbre

¿Cuántas veces ha elegido Dios a los débiles
para confundir a los fuertes?

Jesús se apareció esta mañana en el lago
muy bien rasurado y con su pelo cortado.
Probablemente la esposa de Zenoff lo conven-
ció de que si se arreglaba el pelo, la gente se
acercaría a él con más confianza. De hecho, pienso
que ella misma se lo cortó. Tampoco me sorprende-
ría que fuera su madre, María, quien lo hubiera planeado ayer junto con la esposa de Zenoff. Cuando
las mujeres se juntan, tienen ciertas formas de cons-
pirar en las que ni el mismo Dios se interpondría.

Mientras esperábamos que Jesús comenzara, Juan aprovechó para felicitarlo y reconocer cómo había mantenido la calma y la prudencia el día anterior durante el encuentro que tuvo con quien lo había tachado de irresponsable. "Hubiera sido muy fácil que esa provocación te arrastrara a un pleito muy serio con tu pariente", dijo Juan.

"Era Benjamín", respondió Jesús. "Lo quiero mucho. Él es quien está al pendiente de mi madre y procura que tenga lo necesario. Lo que más admiro de él es el desprendimiento que tiene respecto a las cosas. Es muy cuidadoso y sensible respecto a su dinero, pero no tiene el corazón atado a él o a lo que éste pueda comprar. No tiene necesidad alguna de los lujos que podría conseguir con su dinero. Además, es muy generoso. Si alguien tiene una verdadera necesidad, Benjamín siempre está ahí para ayudarle".

"¡Si todos fueran tan desprendidos como lo es Benjamín! Si lo piensas bien, el desprendimiento no tiene mucho que ver con la cantidad de dinero que uno tenga. Hay gente cuya única preocupación es enriquecerse. Otros, en cambio, buscan solamente satisfacer sus necesidades diarias y confían en que la ayuda de Dios y un trabajo honesto les conseguirán lo necesario para mañana".

"Un pobre puede ser tan avaro como puede serlo un rico. De igual manera, un rico puede ser tan desprendido, tan pobre en espíritu, como un pobre. La generosidad se refiere a la riqueza del carácter, no a la del dinero".

Juan hizo otra pregunta: "¿Te preocupa el que tus parientes cercanos no se hayan hecho seguidores de tu palabra?".

Jesús no respondió inmediatamente. Cuando habló, sus palabras fueron cuidadosamente escogidas. "Ciertamente duele. Uno quisiera que la familia entendiese quién es uno y a qué está uno llamado. Me decepciona un poco que no vengan a escuchar mi mensaje".

Juan continuó: "¿Acaso no han visto las maravillas que haces?".

Por supuesto que habían escuchado relatos de las curaciones que Jesús realizaba a la orilla del lago, pero nunca habían estado ahí para ser testigo de alguna de ellas. En todo caso, la pregunta no pareció extrañarle a Jesús.

"No", respondió. "No haría ninguna de mis obras para que ellos las vieran. Tampoco ha habido ocasión para hacer algo especial en Nazaret cuando he estado por esos rumbos predicando mi mensaje. Han oído hablar de mis obras y, por supuesto, no pueden explicárselas. Pero han sido incapaces de sacar alguna conclusión de ellas. De hecho, pienso que algunas veces les incomoda que la gente les pida explicaciones de lo que digo y hago".

Dijo Juan: "es decir que simplemente hacen de cuenta que no pasa nada".

Jesús dijo: "parece que así es. Tal vez se toman las preguntas como si fueran un ataque personal contra ellos. Posiblemente el argumento de fondo sea: '¿cómo es que un campesino como tú, con escasa o ninguna preparación, puede hacer y decir tales cosas?' Comprendo que esta sutil afirmación pueda resultarles delicada o embarazosa".

"Pero el que llaman Santiago parece haberse cuidado mucho de no criticarte", se arriesgó a decir Juan.

"Sí, me parece que Santiago es la excepción", dijo Jesús. "Creo que debido a que él conoce mi historial y mi preparación, considera milagroso que yo pueda hacer estas cosas. Creo que alcanza a descubrir en eso el poder de Dios. Aun así, pienso que no se anima a discutir esto con los demás".

"Es como los hermanos de José o David. Estaban demasiado cerca como para tener una perspectiva amplia de lo que realmente estaba pasando", musitó Juan.

"Probablemente estás en lo correcto. Ustedes me juzgan en base a lo que escuchan y ven. Ellos me juzgan basados en mis orígenes. El bautista es nuestro primo y tiene dudas también respecto a mi persona y misión. Un profeta debe aprender a estar solo y por su propio pie. Siempre ha sido así. No hay un grupo de animadores que se le una y lo apoye cuando entra en problemas a causa de su mensaje".

Cuando la multitud se hubo acomodado, Jesús nos habló acerca de la mansedumbre. Cuando Jonás se sintió débil e incompetente para realizar apropiadamente la tarea que Dios le había encomendado, su predicación fue muy efectiva. En unos cuantos días toda la ciudad de Nínive estaba en un proceso de conversión y penitencia. Sin embargo, Jonás había quedado muy impresionado de lo que estaba logrando y comenzó a saborear la inminente destrucción que había predicho. Cuando Dios se estremeció de compasión y perdonó a la ciudad, Jonás quedó reducido a sus lloriqueos y caprichos. ¿Cuántas veces ha elegido Dios a los débiles para confundir a los fuertes? ¿Cuántas veces los poderosos se han visto reducidos a ceniza porque se sentían invencibles?

¡Éste no es un mensaje solamente mío! ¿Cuántas veces Dios ha enseñado a su pueblo que los bienaventurados son los mansos y que son precisamente ellos los que heredarán su favor?

"Si no se preocupan por el mañana porque saben que están a salvo bajo el cuidado de un Padre amoroso, eso quiere decir que han sido bendecidos con la paz interior. En cambio, si no les preocupa el mañana porque tienen sus bodegas llenas y tienen recursos para tener todavía más, entonces preocúpense, porque Dios tiene la facultad de arrancar todo de tajo y dejarlos desnudos y solos, ensimismados en sus pensamientos respecto a quiénes son ustedes y qué es lo que verdaderamente les pertenece".

Reacción al asesinato de Juan

Nada obstruirá el plan de Dios.

Esta mañana, mientras estábamos en el lago, supimos que Herodes había mandado decapitar a Juan el bautista. Jesús se veía consternado y triste. Aun así, no mencionó nada de esto en su discurso a la multitud. Antes bien, nos contó esta historia.

"Un rey estaba disfrutando de un gran banquete que había organizdo. Ya casi anochecía cuando uno de sus soldados irrumpió corriendo hacia él en medio de la gran fiesta. 'Nuestro enemigo se está acercando al palacio y estamos en un grave peligro', le informó. 'Este no es momento para escuchar ese tipo de noticias', gritó el rey, quien estaba ya muy borracho. '¿Ves cómo estás preocupando a mis huéspedes?'. Además, ¡mírate a ti mismo! Te has entrometido en mi fiesta sin siquiera vestir apropiadamente para una ocasión como esta'".

Sin más, el rey ordenó que arrestaran al soldado, se lo llevaran y lo ejecutaran. Después el rey regresó a su banquete. Al cabo de una hora, las tropas del enemigo sitiaron el palacio, abatieron la poca defensa que había, mataron al rey y a los comensales de la fiesta se los llevaron como esclavos.

"Si tienen oídos, escuchen la lección. El tiempo corre y se hace tarde, el tiempo de preparación llegará muy pronto a su fin".

El día de hoy Jesús habló muy brevemente a la muchedumbre. Al terminar, le pidió a Simón y a otros de sus íntimos que subieran a la barca y que lo llevaran lejos de la muchedumbre. Fue hasta más tarde que le pregunté a Andrés, hermano de Simón y cliente mío, qué había pasado.

Andrés es más alto que su hermano Simón. Tiene los mismos ojos oscuros, y aun cuando su estatura le da la apariencia de ser delgado, es un hombre sumamente fuerte. El trabajo de conducir y cuidar de la barca, así como el aventar y jalar continuamente las redes le ha dado músculos que contradicen la suave apariencia de su rostro. Tiende a ser una persona tranquila, desplazado a menudo por su hermano mayor, quien, por cierto, es mucho más fornido. Algunas veces hay una mirada extraviada en sus ojos que pone de manifiesto la lucha interna que experimenta cuando quiere comprender los desafíos que le lanzan las enseñanzas de Jesús. Sospecho que Andrés es una de esas personas que siempre está buscando algo más, que busca entender los acontecimientos y lo que debe hacer a raíz de ellos. Da la impresión de que encuentra respuestas a muchas de sus preguntas mientras escucha a Jesús.

"Cuando zarpamos, Jesús estuvo callado durante mucho tiempo", me dijo Andrés. "Reflejaba una profunda tristeza y sus ojos estaban llenos de lágrimas. Podía ver su frustración y el sentimiento de derrota cayendo pesadamente sobre sus hombros. Luego de que habíamos navegado por más de una hora, Jesús comenzó a hablar suavemente y casi para sí mismo".

"No mencionó a Herodes por nombre. Aun así, había coraje en su voz al condenar a aquellos que utilizan el poder para arrancar de los débiles su dignidad, sus propiedades e inclusive su vida misma. Esto no es otra cosa que provocar la ira de Dios sobre sí mismos, dijo Jesús. Después de todo, Dios es el origen de todo poder, dijo, y usar el poder para proteger el poder o para promover nuestros propios fines equivale a escupir el rostro del Señor.

"Y de nuevo se quedó en silencio, sólo que esta vez por un rato que nos pareció interminable", siguió contando Andrés. "Después, comenzó a sacudir su cabeza como si estuviera diciendo, 'no, no, no', con mucha incredulidad. Finalmente comenzó a hablar acerca de Juan. Admiraba la entera dedicación que Juan había tenido respecto a la misión que Dios le había encomendado. 'Ni siquiera los grandes profetas, Isaías, Elías, Ezequiel, ni siquiera Abraham o Moisés, estuvieron más dedicados a su misión que este hombre sencillo que se paró a orillas del Jordán y nos alertó de que había llegado ya la hora de Dios. Su ayuno, su oración, su osada predicación invitó a muchos, muchísimos, a la conversión que Dios quiere de nosotros'".

Después Jesús añadió: 'la mayoría de ustedes no estarían conmigo si no fuera por Juan. Y muchos de los que estaban con nosotros hoy junto al lago estaban ahí porque Juan orientó sus corazones y los dirigió hacia mí'. Sacudió nuevamente su cabeza y dijo: 'Nada obstruirá el plan de Dios. Pero ¡pobre del que arrebató a Juan del desierto y silenció la voz que hablaba en nombre de Dios!'".

Ahora puedo darme cuenta de que Andrés también estaba lleno de tristeza. La noticia de la muerte de Juan nos impactó a todos y sentimos una gran pérdida. Fue precisamente Juan quien motivó en mí la conversión y me condujo a Jesús. Soy una de las personas a las que Jesús se refirió.

Artífices de la paz

¿Acaso Dios no tiene el derecho de pedirte que primero depongas no sólo tus armas, sino también el enojo que te llevó a tomarlas?

Bienaventurados los que trabajan por la paz; serán llamados hijos del Señor.

Ésta fue la enseñanza principal de su mensaje de hoy. En realidad, el mensaje estuvo muy acorde con el día. El clima estuvo fresco y soleado. Una suave brisa proveniente del lago hizo aun más placentero el sentarse y escuchar a Jesús. Nos dijo que Dios quiere que vivamos en paz nuestros días, dedicando el tiempo suficiente a la colaboración con los demás, al ciudado de la tierra, al crecimiento y educación de los hijos, y a invertir nuestro tiempo y energía cumpliendo nuestras responsabilidades, así como a apreciar la presencia del Creador en las cosas buenas en torno a nosotros.

"Pero el orgullo y la autosuficiencia conducen al conflicto y la guerra. Aquellos que instigan y promueven la guerra serán responsables por las viudas y huérfanos que dejan tras de sí. Pero Dios los llama a que sean constructores de paz. Han escuchado que se ha dicho: 'ojo por ojo y diente por diente'. Pero ustedes, que son mis seguidores, no deben actuar de esa manera. Cuando devuelven el golpe a su enemigo, el efecto se vuelve también contra ustedes".

"El Padre celestial quiere manifestar su amor a los enemigos de ustedes, y quiere hacerlo por medio de su comportamiento. Sé que esto es mucho pedir. Pero deténganse a pensarlo. ¿Acaso alguien sana las heridas que ha sufrido mediante la venganza? ¿Quién les ayudará a aliviar el dolor que ustedes sienten, si ustedes mismos han contribuido a crear una atmósfera de conflicto y falta de entendimiento? ¿Acaso Dios llevará a cabo toda la sanación sin un esfuerzo de parte de ustedes? ¡De ninguna manera! ¿Acaso Dios no tiene el derecho de pedirte que primero depongas, no sólo tus armas, sino también el enojo que te llevó a tomarlas?".

Nos contó esta historia.

"Había dos vecinos que continuamente peleaban entre sí por un terreno. Cada uno de ellos estaba plenamente convencido de ser el dueño legal. Uno de ellos cercaba la propiedad y la sembraba. El otro, por su parte, tumbaba la cerca y araba la tierra para evitar que la semilla germinara. Algunas temporadas había una cantidad enorme de plagas y hierbas dañinas y, por supuesto, cada uno lo atribuía al malicioso proceder del otro. Mientras el terreno compartió límites comunes, la animadversión de ellos careció de límites".

"Un día las esposas de ambos acordaron reunirse en secreto. Ninguna estaba de acuerdo con la ira de sus esposos, aunque ambas estaban en desacuerdo con lo que pasaba, así que estaban apenadas de no poder llevar una relación amigable y ser buenas vecinas. 'Supongamos', propuso una de ellas, 'que cediéramos nuestros derechos respecto al terreno a cambio de cierta cantidad económica que reflejase el hecho de que el reclamo de cada quien es enteramente legítimo'. Dado que ninguna de las dos quería seguir en medio de esa tensión y sentimientos encontrados, el acuerdo se hizo ahí mismo. Discretamente contrataron un asesor e hicieron un acuerdo legal que ambas consideraron justo. Sólo hasta entonces ambas comunicaron a sus maridos lo que habían acordado e insistieron en que los dos apoyaran el plan".

"No necesito decirles qué personajes del relato son los colaboradores de Dios".

9

La posada en Cafarnaúm

Ahora te corresponde decidir si es apropiado
hacer algo por tu hermano.

Hoy tuve el privilegio de acompañar a Jesús y sus amigos al final del día. La multitud había sido mayor y más amigable que de costumbre, y Jesús disfrutaba de ello. Hubo algunas conversaciones un tanto chistosas entre Jesús y algunos de sus íntimos. Ahora, él se estaba relajando en la posada de Zenoff, disfrutando de un vaso de vino y de un pan dulce que había horneado la esposa de Zenoff. En muchas ocasiones he estado junto a ellos mientras repasan lo que transcurrió a lo largo del día. Debo admitir que sus reuniones no parecen tener la más mínima organización. Simón, Andrés, Santiago y Juan han estado ahí en todas las ocasiones que los he acompañado en su reunión final. Fuera de ellos, los asistentes cambian de un día a otro. Andrés me invitó el día de hoy; sin embargo, creo que algunas personas simplemente se unen al grupo una vez que Jesús se retira del lago.

Juan, al que Jesús llama "Trueno Dos", felicitó a Jesús por la historia que había contado aquella mañana, la del hijo renegado. El joven rebelde dejó la casa paterna y derrochó la mitad de los bienes de su padre —mismos que le correspondían por herencia—. Después, pasó momentos muy difíciles y fue entonces que regresó a casa. Su padre le dio la bienvenida y, aunque para el hijo mayor, el más estable, resultó una desagradable sorpresa, le hizo una gran fiesta al recién llegado.

"Gracias", le dijo Jesús a Juan. "Creo que esta historia capta el punto esencial mejor que el relato del pastor que busca la oveja perdida. A la gente le es más fácil identificarse con el joven aprovechado que con una oveja".

"Al menos lo es para mí", dijo uno de los hombres que estaban en el grupo. Creo que era uno alto, al que llaman Felipe. "Fue muy reconfortante para mí el que este padre estuviera dispuesto a perdonar y olvidar, además de darnos una oportunidad para comenzar de nuevo. ¡Y lo hace sin resentimiento alguno! En lugar de eso, organiza una reunión familiar. ¡Es impresionante!".

Simón, dijo: "Estaba pensando hacia dónde iba la historia con el hermano mayor. Pero de repente te detuviste y no continuaste la historia".

Jesús replicó: "¿Necesitaba terminarla?".

"No exactamente", accedió Simón. "¡Pero hubiera sido interesante saber lo que sucede!".

Simón es relativamente alto, de ojos muy oscuros y de cejas pobladas. A pesar de que se está quedando calvo, tiene una barba negra, larga y cerrada, en la que ya despuntan ciertas líneas grisáceas. Sus faenas de pescador le han ganado unos brazos y hombros musculosos. Su estatura es imponente. De no ser por la presencia de Jesús, cualquiera diría que Simón es líder del grupo. Al mismo tiempo, manifiesta mucha ingenuidad respecto a Jesús, que lo lleva a decir lo que piensa con un candor que desarmaría a cualquiera.

Ahora parpadearon los ojos de Jesús. "Debo tener mucho cuidado en no ser sólo un narrador de historias, un hacedor de maravillas o alguien que entretiene a la gente", dijo. "Me siento satisfecho de que la historia haya surtido efecto. Pero si están interesados…". Entonces Jesús se inclinó hacia el grupo y bajó el tono de su voz, como conspirando, y añadió: "Aquí les va el resto de la historia".

Los que cuchicheaban entre sí en la posada callaron repentinamente, y uno podía sentir que todos los presentes se volvieron a Jesús con actitud expectante.

"El hijo mayor no disfrutó la fiesta", dijo Jesús. "Estuvo sólo un rato para no verse mal, pero encontró un pretexto para irse cuanto antes. Al fin y al cabo nunca le cayeron bien los amigos de su hermano puesto que eran muy escandalosos y, sencillamente, no eran de su tipo. Después de la fiesta la vida siguió su ritmo y, según lo acordado, el hijo menor trabajó como un peón más en la casa de su padre. Dormía en su antigua cama y compartía la mesa de la familia, pero fuera de esto, tenía que trabajar diariamente con sus propias manos, se le pagaba lo mismo que a los otros jornaleros y no se le concedieron más favores".

"Con el paso del tiempo, en parte gracias al trabajo del hermano menor, creció el valor de la granja del padre a tal grado que rebasó considerablemente el equivalente a lo que el padre había tenido que vender para darle la mitad de la herencia a su hijo rebelde".

"Un día el hijo rebelde le dijo a su padre y a su hermano mayor que nuevamente se iría de la casa. No obstante, en esta ocasión, la partida era fruto de una decisión responsable y madura. Se casaría y comenzaría a vivir por su propia cuenta. Quería manifestarles a su padre y a su hermano mayor lo agradecido que estaba con ambos por haberlo recibido nuevamente en casa cuando él estuvo hambriento y en desgracia. Les prometió que los visitaría de vez en cuando, pero que siempre tendrían un lugar muy especial en su corazón y que traería a los nietos para que conocieran la parentela. Sin más demora, se dispuso a empacar".

Ahora Jesús estaba dirigiéndose completamente a Simón, quien escuchaba con diligencia.

"El hermano mayor miró fijamente al padre y dijo: 'Mi hermano ha cambiado verdaderamente, y gracias a su intenso trabajo ha logrado que el valor de la granja haya aumentado considerablemente. Quizá deberíamos darle algo para ayudarlo a que comience, y para agradecerle por el trabajo que ha realizado y desearle lo mejor en su matrimonio'".

"Tu hermano ya recibió su parte. 'La granja y todo esto es tuyo, ¿recuerdas?', Ahora te corresponde decidir si es apropiado hacer algo por tu hermano'".

El grupo permaneció en silencio, esperando una respuesta, pero Jesús había terminado de contar la historia.

Luego de un profundo silencio, Simón murmuró y dijo: "¡Mejor la hubiera dejado así! Ahora tengo un dilema más grande que el que tenía al principio".

Jesús se rió abiertamente y se disculpó porque quería pasar un momento a solas.

10

La hija de Jairo

Sé un buen padre para esas niñas preciosas.

Jesús ha estado ausente por más de una semana. El bochinche es que se fue a la región de Decápolis para predicar ahí su mensaje. Sin razón alguna, esta noche caminé hasta el lago casi sin pensarlo. Ahí me encontré a Juan, en la orilla, sentado sobre una piedra, absorto con sus propios pensamientos. Lo saludé, como siempre y me invitó a sentarme.

"Vaya, sólo de verte me imagino que ya regresó", dije.

"¡Sí! No hace mucho rato".

"Te ves muy raro. ¿Acaso fue un viaje muy difícil?".

A mi parecer, Juan es un poco difícil de catalogar. Es un hombre sumamente flaco y posee una mirada comprometedora que lo convierte en el favorito de todos. De alguna manera se las arregla para estar siempre cerca de Jesús, pendiente de cada una de sus palabras. Cuando se une al grupo que se reúne en la posada, casi nunca hace comentarios. Y cuando toma la palabra, lo hace sólo para apoyar o manifestar su acuerdo con quien acaba de hablar. Me parece que es el favorito de Jesús, quien posiblemente lo vea como un modelo encarnado de las virtudes que predica. Sin embargo, ha habido algunas ocasiones en las que Juan ha hecho gala de su propio temperamento –y con toda razón– con la gente que no se comporta apropiadamente cuando nos reunimos en el lago, y con quienes son muy rudos con los demás.

"El viaje no fue especialmente difícil", dijo Juan. "Jesús es impresionante. Simplemente me pregunto a dónde me está llevando todo esto. Quiero a Jesús más de lo que se quiere a un hermano, por no sé qué hacer con todo lo que está pasando".

"Jesús está teniendo el mismo efecto en mí", añadí. "Lo escucho y después me encuentro a mí mismo buscando el sentido de mi propia vida. Sería mejor si sólo nos diera más reglas para vivir, pidiendo algo más de nosotros, pero hay algo más tanto en él como en su mensaje...".

"Está enseñándonos a amar a Dios", dijo Juan. "Pero no sólo como Señor de cielo y tierra. Llama a Dios "Papá", y quiere que experimentemos esa misma cercanía con Dios".

Ambos nos mantuvimos en silencio durante un largo rato. La luna reflejaba su luz sobre el lago y una suave brisa nos humedecía el rostro.

"¿Estuviste con él en Decápolis?", le pregunté.

"Sí".

"¿Qué pasó ahí?".

"Resucitó a una niña que había muerto".

"¿En serio?". Lo miré profundamente esperando encontrar en su rostro o su expresión algún ligero indicio de que estuviera bromeando o tratando de sacarme un susto. Pero Juan era una persona muy seria y no se andaba con rodeos. "¿Cómo sucedió?", dije tartamudeando.

"Bueno...", Juan parecía no querer continuar. "Es posible que no haya sido de veras una resurrección... pero toda la gente pensaba que estaba muerta". Entonces, Juan me contó la historia.

Todo pasó hace dos días, a eso del mediodía. El papá de la niña vino a buscar a Jesús. Su nombre era Jairo. Él es el jefe de la sinagoga en uno de los pueblos de la región de Decápolis. Jesús ya lo había conocido en uno de sus viajes anteriores y le cayó realmente bien. "Es un hombre honesto, en él no hay doblez alguna", nos dijo Jesús después que lo conoció. "Él quiere mucho a su gente, y la gente, en respuesta a ese cariño, siempre cuida de él".

Comoquiera que sea, Jairo nos encontró mientras íbamos de camino y le dijo a Jesús que su hija estaba gravemente enferma. Sin más, le suplicó que viniera a verla. Luego de una caminata apresurada que duró más de una hora, cuando nos acercábamos al pueblo, algunos de los conocidos de Jairo salieron a nuestro encuentro para decirnos que su hija ya había muerto. Jairo rompió en llanto y le suplicó a Jesús que orara por él. Asimismo, le ofreció disculpas por haberlo desviado de su camino y haberlo traído sin razón alguna.

Jesús, por su parte, colocó su mano en el hombro de Jairo y dijo: "No, no. Quizás esté inconsciente, pero no está muerta. Vayamos a verla".

Una gran cantidad de gente vino tras nosotros. Pero cuando llegamos a la casa de Jairo, Jesús nos dejó entrar solamente a Simón, a Santiago y a mí. La niña tenía unos doce años. Su mamá y dos niñas, que supuse que eran sus hermanas, estaban llorando junto a la cama. Nuevamente, Jairo se deshizo en lágrimas y besó a su hija en la mejilla.

Jesús tomó sus manos lánguidas y las estiró hacia sí con firmeza. Habló brevemente, pero con severidad, en un lenguaje que no pude entender. La niña se movió bruscamente. Hubo un momento de enorme suspenso. Después abrió los ojos y miró a la gente que estaba en su derredor. El impacto de lo que estaba pasando dejó a todos sin palabras. Después la madre, lanzando un fuerte grito, se abalanzó sobre su hija para abrazarla profusamente. Los ojos de la niña se encontraron con los de Jesús. Él, por su parte, tenía una mirada amable y un semblante feliz.

"Soy Jesús", le dijo a la niña. "¡Soy el médico de Dios! ¿Cómo te sientes?".

Luego de mirarlo a él, se volvió a su madre que aún estaba sollozando, débilmente sonrió y asintió con su cabeza.

"¿Cómo te llamas?", preguntó Jesús.

Como un leve susurro, contestó: "Ruth".

"Ruth", repitió Jesús. "¡Qué nombre tan más hermoso! Tienes una gran modelo a seguir. Crecerás para ser tu propia versión de Ruth".

Para ese momento sus hermanas se habían abalanzado sobre ella. Su madre no dejaba de repetir cariñosamente su nombre: "¡Ruth!, ¡Oh, Ruth!".

Cuando la madre finalmente se puso de pie para ver a Jesús, había en su rostro lleno de lágrimas una mirada que mezclaba asombro y descanso. No podía hablar; sus labios se movían pero no acertaba pronunciar palabra alguna. Meneó su cabeza en señal de incredulidad y espontáneamente abrazó a Jesús. Jesús, por su parte, se alegró con ellas.

Cuando finalmente pudo recobrar el aliento, lo único que la mamá pudo decirle fue: "Tú y tus amigos tienen que quedarse a cenar con nosotros".

Jesús movió su cabeza diciendo: "No, no. Ustedes tienen muchas cosas por hacer. Denle a esta preciosura algo de comer porque aún se encuentra débil". Sin más, dejó la casa y lo seguimos. Jairo salió detrás de nosotros lleno de alegría y gratitud.

"Dios está contento contigo", le dijo Jesús. "Ahora sé un buen padre para esas niñas preciosas".

"¿Crees que estaba muerta?", le pregunté a Juan una vez que terminó el relato.

Los ojos de Juan se fijaron en los míos. "Sí", dijo firmemente. "Yo mismo vi que estaba muerta.

Pero sea lo que fuera, estoy seguro de que vimos el poder de Dios actuando por medio del Maestro. Es una maravillosa experiencia, y me siento muy humilde de ser parte de ella, estar vivo aquí, en este lugar y este momento de la historia".

Se estaba haciendo tarde, así que subimos la colina de vuelta a casa, iluminados por la luz de la luna y hundidos en nuestras propias reflexiones. Juan se despidió de mí en la puerta de mi casa y continuó su camino.

❦11❧

Los hijos del Padre

Sabemos que pertenecemos a ti más que a la
madre que nos llevó en su vientre.

Esta mañana me fui al lago para escuchar nuevamente a Jesús. El grupo era pequeño y Jesús se veía muy contento. De alguna manera su predicación es más interesante, más inteligente y animada cuando los líderes religiosos se le acercan para criticarlo y discutir con él. Así pasaba también con Juan el bautista. Es mucho más interesante escuchar a Jesús cuando la gente trata de provocarlo. Pero hoy no tuvo enemigos con los que hubiera que discutir algo, además, su discurso fue serio y moderado.

Habló del fidelísimo amor que el Señor tiene para con sus hijos, aun cuando éstos no le corresponden. Pensé que volvería a contar la historia del padre que tenía dos hijos, pero no fue así. En lugar de eso, nos recordó cómo Dios concedió una segunda oportunidad a Adán, Jonás y al rey David. Nos dijo que él había llegado en un momento en el que Israel estaba oprimido, no para generar una victoria militar sobre Roma, sino para recordarnos del inmenso amor y cuidado que Dios tiene por su pueblo. Este cuidado, añadió, trasciende las circunstancias políticas y económicas de un determinado tiempo histórico. Después prosiguió hablando de los romanos.

"La próxima vez que vean un soldado romano", dijo al grupo, "miren fijamente a sus ojos. No tiene necesidad de odiarles a ustedes. Recuerden que a fin de cuentas, él es un mercenario que, lejos de casa y de la gente que ama, trata de conseguirse una vida digna y honesta mediante un oficio que conoce de la misma manera que ustedes conocen su propio oficio. Es un oficio impopular y muy peligroso que puede arrebatarle la vida en cualquier momento".

Jesús continuó diciendo que el próximo soldado que viéramos era tan hijo de Dios como lo son nuestros propios hijos. "Algunas personas, los líderes religiosos, quedarán muy impresionados en el reino de los cielos al ver a los soldados romanos, a quienes secretamente despreciaron, más cerca del trono de Dios de lo que estarán ellos".

La idea me pareció muy estrafalaria. Nos han educado desde niños para ver a los romanos como el enemigo y a su ocupación de nuestra tierra como la nueva cautividad babilónica. Para nosotros, imaginarnos a un soldado romano como alguien a quien Dios ama igual que a nosotros, es sumamente desconcertante. Viendo las reacciones de los ahí presentes, podría afirmarte que no soy el único que piensa eso. Sin embargo, Jesús insistió firmemente en esa idea.

"Son paganos, gente que no pertenece al pueblo de Israel, 'odien a los romanos', me imaginé a mí mismo diciendo esas palabras. Sin embargo, ¡el Padre que creó a ambos, al romano y al judío", continuó Jesús "que *ama* de igual manera al romano y al judío, y que conoce sus corazones, sabe que el soldado romano que cumple fielmente sus obligaciones está más cerca de su reino que el sacerdote, maestro o cualquiera de ustedes que son parte del 'pueblo elegido' y que como tales, creen que su ascendencia, su título o su educación les alcanzará automáticamente un lugar de honor en la casa de mi Padre!".

Su voz era tranquila. Sin embargo, había algo de solemnidad en aquel mensaje que sacudió todo mi ser de una forma inesperada. A lo mejor es fruto de mi imaginación, pero sentí que se estaba dirigiendo a mí cuando se refirió a quienes tienen educación. Me sentí confirmado y amenazado al mismo tiempo. ¿No estaré demasiado seguro de que Dios me aprueba? ¿Acaso mi vida y mi modo de proceder pueden asegurarme que cuento con el favor de Dios? ¿No será más bien que estoy demasiado impresionado conmigo mismo y con mis talentos?

Lo que me queda claro es que siempre he sentido y pensado que soy mejor que los soldados romanos. Sin embargo, ahora me lo cuestiono. Además, ¿no será que me encuentro en el peligro de dar por un hecho que Dios está contento conmigo, mientras que descuido a la gente por la que Jesús siempre está intercediendo: los pobres, las viudas, los marginados y los presos? Estas palabras me parecieron muy inquietantes.

Al final de sus comentarios nos invitó a orar junto con él. Es muy claro que Jesús es un hombre de oración. Se siente tan a gusto con su Dios, su "Papito", como él mismo lo llama, que siente la necesidad de pasar continuamente largos períodos en íntima comunicación con Dios, tan personal y cercano para él. Jesús es un hombre que está en paz consigo mismo, su predicación y su función. Está en paz aun en medio de su soledad. Tiene un grupo de íntimos. Algunos de ellos se han convertido en sus seguidores más frecuentes. Creo que Simón, a quien llama "Roca", y Andrés, cada vez se dedican menos a la pesca y pasan más tiempo con él. No puedo acordarme de una sola vez en la que haya ido a escuchar a Jesús y ellos no hayan estado presentes. Lo mismo Santiago, a quien llama el "Trueno Uno", y su hermano mayor, Juan, a quien llama el "Trueno Dos".

Pero aún cuando todos están con él, se mantiene firme por sí mismo. Al parecer, no tiene esposa ni hijos. Se mantiene muy distante de su familia; de hecho, algunos de sus parientes piensan que está loco y quieren llevárselo a casa nuevamente. A pesar de ese sentir familiar, en muchas ocasiones he visto a Santiago entre la gente que se reúne en el lago para escuchar a Jesús. Es cierto que Jesús no es un loco, pero también es cierto que tiene un modo especial de ser que ninguno de nosotros es capaz de describir.

Comoquiera que sea, esta mañana nos invitó a que oráramos con él. Su oración fue más o menos así:

"Padre, Papito nuestro, estamos seguros de que siempre nos cuidas. Sabemos que pertenecemos a ti más que a la madre que nos llevó en su vientre. Abre nuestros corazones para que nos acerquemos más por amor que por deber, más en la confianza que en el miedo. Estamos seguros de que eres un Dios que siempre nos perdona, y que está ansioso por abrazarnos, aun después de que te hemos traicionado. Permítenos seguir tu camino perdonando a aquellos que consideramos como enemigos nuestros y, sobre todo, ¡sobre todo!, abrazando a quienes no nos caen bien o a quienes nos cuesta trabajo abrazar como hermanos y hermanas".

Recuerdo especialmente su repetición de la cláusula *sobre todo*. Había orado con sus ojos cerrados, pero, llegado a este punto, volvió su mirada a la multitud y abrazó a muchos con ella, incluyéndome a mí, en un breve momento entre la repetición de esa expresión y el final de su frase.

Poco antes de que me dispusiera a regresar, cuando él comenzó a irse, se detuvo al pasar junto a mí y me preguntó: "Chanclas, ¿tú eres una persona educada, no es así?".

Tartamudeé un poco y le dije que había aprendido a leer y a escribir y que, había acrecentado mis conocimientos según podía, por medio de la lectura de algunos materiales escritos.

"Eso es muy bueno", dijo él. "Pero eso significa que tu responsabilidad para con los demás es mayor".

La mirada que había en sus ojos era al mismo tiempo suave y desafiante. Nunca la olvidaré.

12

Su oración

*La flor más hermosa no tiene color sin la
ayuda de los rayos del sol.*

Esta tarde fui al lago, pero Jesús no estaba
ahí. Me encontré a Simón, Andrés y a sus
amigos pescadores remendando las redes y
alistándose para zarpar esa misma tarde. Le pregunté a Andrés dónde se encontraba Jesús y me
respondió que pensaban que se había ido a alguna
parte solitaria para orar.

"¿Estuvo aquí esta mañana?".

"No. Lleva dos días desaparecido". Al ver mi
semblante añadió: "no te preocupes, eso es muy

usual en él. Se desaparece por dos o tres días y luego se aparece como si nada hubiera pasado".

"A lo mejor se fue a su casa de Nazaret", añadí.

"Creemos que no. Más bien pensamos que se va a orar al desierto. Probablemente se encontró un lugar donde el sol no quema tanto, y ahí habla y escucha al Señor. Siempre que le preguntamos acerca de esto, simplemente sonríe y en otras ocasiones responde con alguna de sus frases típicas. Algo así como: 'Si el caballo no bebe agua, no puede cargar a su jinete' o 'La flor más hermosa no tiene color sin la ayuda de los rayos del sol'".

"¿Se alimenta de cactus e insectos como lo hacía Juan?", pregunté.

"No sabemos. No creo que tenga las destrezas necesarias para saber lo que puede comer en el desierto o cómo se lo puede comer. Pienso que ayuna todo el tiempo que está allá. Hemos venido notando que cuando ora, parece no saber lo que sucede a su alrededor. Es como si estuviera en otro mundo". Andrés sonrió un poco y luego dijo: "Y quizá lo esté".

"¿Alguien lo acompaña cuando se retira a orar?", pregunté.

"Casi nunca. Una o dos veces ha invitado a algunos de nosotros a que lo acompañemos. Sin embargo, la mayoría de las veces simplemente se desaparece y no lo vemos sino hasta unos días después. Cuando esto sucede, simplemente lo esperamos. Es lo que estamos haciendo ahora. Mientras no está con nosotros, pescaremos algo y obtendremos así algo de dinero".

Dicho esto, Andrés volvió a sus redes y yo a mi taller.

⚹13⚹

El precio de la elección

Dios nos ha dado la capacidad de elegir.

Hubo un intercambio muy interesante el día de hoy a la ribera del lago. Tomás, a quien el Maestro llama Viento del Sur, le preguntó a Jesús: "Maestro, si Dios cuida de nosotros con tanta ternura, ¿por qué entonces la vida se convierte en un pesado fardo para muchas personas?". No era un hostil desafío o una trampa como las que solían ponerle los líderes religiosos. El grupo que se había reunido permanecía atento y uno mismo podía descubrir que era una pregunta hecha con mucha honestidad.

De entre todos los íntimos de Jesús, Tomás es el más ocurrente. Siempre, y sin que alguien se lo pida, mantiene el buen humor en el grupo con los comentarios que hace acerca de las cosas que pasan, e incluso, acerca de las explicaciones y de las historias que nos cuenta Jesús. Nunca extravía el punto; aun así, con sus comentarios humorísticos ha sabido aligerar los momentos tensos, especialmente durante las conversaciones que tienen lugar en la posada. Su calvicie le hace verse más viejo de lo que realmente es. Pero no es un bufón. A menudo desafía a Jesús con preguntas que me parecen muy profundas.

El día de hoy Jesús respondió a su interrogación por medio de una historia, que es lo que frecuentemente hace.

"Un hombre hizo una apuesta con su vecino", dijo. "Estaban de por medio dos líneas enteras de su viñedo. Cuando el hombre perdió la apuesta, el vecino movió su cerca y se apropio de las dos líneas que había ganado en la apuesta. Con afán de recuperar lo perdido, el hombre apostó otras dos líneas de su viña.

Perdió nuevamente y el vecino movió por segunda vez la cerca de su propiedad. El hombre continuó apostando una y otra vez hasta que se quedó solamente con dos surcos de lo que había sido su viñedo".

"Desesperado, se dirigió donde su vecino y le suplicó que al menos le regresara la mitad de lo que había sido su viñedo. 'De lo contrario', le suplicó, 'mi familia y yo no tendremos con que mantenernos'".

"'¿Acaso es problema mío?', le dijo el vecino. '¿Es que voy a sentar a tu familia en mi mesa y voy a darles yo de comer? Tú has tomado libremente tus decisiones y ahora debes asumir las consecuencias de tus actos'".

"'Merezco pasar hambre', dijo aquel hombre. 'Pero mi familia no ha hecho nada malo. No es justo que ellos mueran de hambre junto conmigo'".

"'Era tu responsabilidad pensar en eso antes de hacer apuestas estúpidas'", respondió el vecino.

"Dios nos ha dado la capacidad de elegir. El precio de esa libertad es que no sólo nosotros sino también los demás, incluso las personas que amamos, tendrán que vivir con las consecuencias de nuestras decisiones".

14

Primera conversación

Debo transmitir el mensaje que me ha sido dado.

Dado que hoy terminé mi trabajo más temprano que de ordinario, decidí encaminarme al lago para ver si encontraba a Jesús. Regresé las herramientas al gabinete y guardé un par de sandalias recién hechas. Un momento después, estando de pie en la entrada de mi negocio, volví la vista hacia atrás y me impresionó lo limpio y cómodo que era mi lugar de trabajo. Así es como veo mi alma en este momento. Posiblemente demasiado cómoda. Pero Jesús está perturbando este orden. Me está haciendo ver de una forma enteramente distinta lo que Dios quiere de mí.

Sin más demora, cerré la puerta y me dirigí hacia el lago. Mientras caminaba por el pueblo, lo vi sentado sobre el muro de piedra que está en la plaza, me extrañó que estuviera totalmente solo. No había nadie en su derredor, ¿o sería que él mismo se había apartado de todos? Un tanto confuso por la situación, me detuve por un momento.

Al verme me dijo: "Chanclas, ven y siéntate a platicar un rato conmigo".

Me senté a su lado y durante algunos minutos ambos permanecimos callados. Él parecía estar viendo a las palomas caminando alrededor de sus pies, picoteando las semillas desperdiciadas o cualquier otra cosa que pudieran comer.

"¿Te has fijado en las palomas?", preguntó. "Se pavonean de un lado a otro buscando pequeñas migajas de pan. Siempre andan juntas, pero su trabajo lo hacen por sí solas. De alguna manera, cada una de ellas se las arregla para encontrar el alimento necesario y así sobrevivir otro día más. Hay algo muy parecido en lo que hago. Tú mismo puedes ver que hay una solidaridad muy débil entre mis seguidores. No obstante, cada uno de ellos y ellas tiene su propia vida y responsabilidades. Diariamente hacen lo que pueden y eventualmente aparecen uno a uno ante su juez".

A menudo me siento intrigado por la manera en que Jesús se vale de las cosas más ordinarias para hablarnos de realidades mucho más profundas. Después de todo, ¿quién se molesta en observar a las palomas, excepto cuando éstas le están molestando? Ahora tenía que volver a concentrarme porque Jesús continuó desarrollando su idea.

"Algunas veces pienso que lo que les exijo es demasiado difícil. Tal vez les pido demasiado. Ya tienen demasiadas responsabilidades para conseguir una vida digna para que además tengan que enfrentar los desafíos que les he presentado". Al terminar, dirigió una sobria mirada hacia mí. Sin lugar a dudas, vio el rompecabezas que se formó en mi semblante y entonces rompió a reír. "¿Crees que se puede, razonablemente, pedirles a las palomas que no busquen su alimento en el suelo?".

Nuevamente se puso serio y habló casi en forma apologética. "No puedo fallarle a mi Padre. Debo transmitir el mensaje que me ha sido dado".

No dije nada. Nuevamente los dos nos quedamos en silencio durante un rato. Después se puso de pie y me miró por un momento. "Sí", dijo, "es algo muy bueno de tu parte que no le cobres a la viuda". Después se volvió y caminó lentamente hacia la posada de Zenoff.

Había estado debatiendo dentro de mí si le cobraba o no a una viuda por un par de sandalias que le había confeccionado, y casi estaba decidido a no cobrarle. ¿Cómo le hizo Jesús para darse cuenta de que estaba yo lidiando internamente con esa situación o cómo supo cuál era la decisión que había tomado?

Regresé a mi taller y una vez dentro me senté a reflexionar. ¿Por qué razón conversó conmigo a solas? ¿Debo sentirme halagado? ¿Qué es lo que

Jesús percibe en mí que le lleva a hablar conmigo y a confiar en mí?

Después mis pensamientos volvieron al mensaje que me había transmitido aquella tarde. ¿Lo estoy comprendiendo de veras? Si tuviera qué resumirlo, ¿cómo lo haría?, ¿Quién es el que verdaderamente lo ha enviado? ¿Será que he crecido ya lo suficiente para comprender que es el Señor quien lo ha enviado? ¿Y qué quiere decir cuando afirma que ha sido enviado con una misión? De muchas maneras, el candor de Jesús, hace de él una persona transparente. Sin embargo, aún hay muchas cosas en su mensaje que no logro entender.

❦15❧

Nacimiento de una parábola

*Si no ponen en práctica mi mensaje y
conforman su vida a él, entonces mi
mensaje se habrá desperdiciado en ellos.*

Ayer, ya muy tarde, me uní nuevamente al grupo que se reúne en la posada. Estaban platicando acerca de algo muy distinto a lo que usualmente hablaban. Jesús estaba preocupado, debido que la gente que lo escuchaba no respondía a la urgencia de su mensaje.

"Algunas veces pienso que sólo vienen a pasar el rato", dijo. "Y yo no soy un comediante que sólo entretiene a la gente. Me da gusto que vengan, es cierto…".

Se detuvo por un momento y movió su cabeza. Después su voz reflejó la frustración que tenía. "Pero si no ponen en práctica mi mensaje y conforman su vida a él, entonces mi mensaje se habrá desperdiciado en ellos". Volvió su mirada a todo el grupo y dijo: "necesito un relato que esclarezca más el punto. Porque ahora es el momento y esta es su oportunidad para que cambien su manera de ser y actuar".

El grupo asumió para sí el reto y comenzó a discutir entre sí algunas ideas y sugerencias. Creo que fue Simón quien sugirió la historia de unas mujeres que están esperando a que llegue el novio, y en la espera se quedan dormidas y pierden su llegada. La idea estaba ahí, pero estaba un tanto perdida. Alguien agregó que se deberían incluir las lámparas. Que se les había terminado el aceite, lo cual les agravó el problema al momento de despertar. Jesús se entusiasmó con aquella idea.

Hoy mismo utilizó nuestra historia acerca del novio y le añadió algunos aspectos puesto que incluyó cinco mujeres necias y cinco mujeres prudentes. Pienso que surtió muy buen efecto entre los oyentes. Por lo menos a mí me llevó a reflexionar más profundamente en mi propia vida y en mis prioridades.

✖16✖

Regañando

Los pobres son responsabilidad de ustedes.
No pretendan lo contrario.

Hoy estaba enojado. Debido a que llegué un poco tarde, no sé qué lo llevó a esto. Otra vez se había desaparecido por algunos días y posiblemente ocurrió algo que no le gustó en alguna de las ciudades que visitó. Pero la riña de ahora se estaba dando frente a frente con la gente de Cafarnaúm.

"¡Ustedes son una vergüenza!", nos estaba gritando. "¡Son una vergüenza!". Se parecía al bautista.

"¿Se van a dormir con la panza llena mientras sus vecinos tienen hambre? ¡Son una vergüenza!".

"¿Tienen la calidez y seguridad necesarias en sus casas y se desentienden de quienes no tienen casa? ¡Son una vergüenza!".

"¿Le desean el bien a la viuda sin siquiera preguntarle cómo le hará para alimentarse ella y sus hijos? ¡Son una vergüenza!".

"¿Les pagan a sus peones una migaja injusta de sus ganancias y se enorgullecen de haberles dado trabajo?" ¡Eso es explotación! ¡Son una vergüenza!".

"¿Se unen a los que gobiernan la ciudad para echar a los pobres y a sus problemas lejos de sus puertas y no se hacen responsables de ellos? ¡Son una vergüenza!".

"Dios les ha enviado profetas a tiempo y destiempo para decirles esto mismo. Los pobres son responsabilidad de ustedes. No pretendan lo contrario. Lo mismo los enfermos y las viudas, son responsabilidad de ustedes, no pretendan lo contrario. Los huérfanos y los presos, todos ellos son responsabilidad de ustedes, no pueden ignorarlos, no pretendan olvidarse de ellos".

¿Acaso son ustedes mejores que aquellos que escucharon las palabras de Elías, Jeremías o Ezequiel? ¿Acaso son ustedes mejor que los samaritanos o los paganos del Norte o del Este? ¡Ciertamente que no son mejores que ellos! ¡Son una vergüenza!".

Había fuego en sus ojos y juicio en su voz.

"¡Dios exige! Dios no suplica, ¡*exige*! ¿Vinieron aquí el día de hoy esperando escuchar palabras suaves y reconfortantes? Lamento decepcionarlos. Pero no les hago ningún servicio al hablarles de su Dios compasivo si no hay compasión en sus corazones excepto hacia aquellos a quienes ustedes deciden manifestarla".

"¡Dios llama!", gritó firmemente. "¡Dios llama! Es obligación de ustedes responderle. Podrían irse de este lugar ahora mismo, pero no pueden escaparse de estas obligaciones. Una vez que el juez dicta sentencia, no es posible decir: "Yo no cumpliré. No me interesa esa sentencia".

Jesús no está cortado de la misma tela que Juan. A diferencia de él, uno no describiría a Jesús como alguien que prohíbe cosas. Es muy agradable. Sonríe. Hace bromas. Aparentemente le encantan las fiestas. Es muy cálido y sensible con las personas. Permite que la gente se acerque a él.

No obstante, algunas veces desafía nuestra autosuficiencia. En esas ocasiones, simplemente es formidable.

Luego que terminó de hablarle a la multitud, me vine directamente a mi taller, seguro de que hoy en la posada no habrá esa calma relajada de otras tardes.

Me senté cómodamente en una de mis sillas verdes para reflexionar en todo lo que había *dicho* Jesús. Se me ocurrió pensar que esa silla verde y cómoda era el símbolo perfecto para describir mi vida: familiar, cómoda y segura. ¿Acaso Jesús *me* está llamando a asumir nuevas obligaciones? ¿A un cambio en *mi* estilo de vida, mis prioridades y seguridades humanas?

Si está intentando hacer eso, definitivamente que lo está logrando.

17

Segunda conversación

*Dios les enviará otro intercesor, un espíritu
que hablará al corazón de la gente así como
yo he hablado a sus oídos.*

Esta mañana encontré nuevamente a Jesús solo y sentado en otro muro de la plaza. Ahora fui yo el que se invitó a estar con él.

"¿Puedo sentarme a tu lado?".

Al parecer, mi pregunta lo sacó de su ensueño.

"¡Por supuesto que sí!". Sus palabras fueron cordiales pero había tristeza en su semblante.

"¿Dónde están los demás?", pregunté.

"Trabajando, quizá", dijo mientras miraba fijamente el camino principal que conduce por un lado a la posada, y por el otro, desemboca hacia el lago. "He estado en el desierto durante algunos días. No saben que he regresado".

"¿Por qué estás tan triste?". Inmediatamente me cuestioné si debí haberle dirigido una pregunta tan personal.

No respondió de inmediato. "Es primavera. Ve cómo florece la naturaleza. No espero volver a ver esta hermosura la próxima estación".

Me quedé atónito y sentí que la cabeza me comenzó a dar vueltas. ¿Acaso pensaba que moriría pronto? No tenía nada que decir, y él tampoco dijo nada por unos instantes. Después añadió: "Iré a Jerusalén para celebrar la Pascua".

"¿Crees que eso sea... peligroso?".

"Mi amigo Nicodemo me dice que ha escuchado algunas cosas. Tanto el gobernador como el sumo sacerdote tienen miedo de que surja una insurrección en torno a mí. No quieren que esto suceda y Nicodemo teme que hagan cualquier cosa con el fin de sofocarla".

"Bueno, encarcelaron a Juan el bautista. Pero, ¿crees que hagan lo mismo contigo? ¿Qué cargo pueden presentar en tu contra?" Le hice tantas preguntas que no le daba tiempo de contestarlas. "Tú eres un hombre de paz".

"Se inventarán algo si se ven en la necesidad de hacerlo. El asunto no tiene nada que ver con la justicia. Lo que pasa es que tienen miedo".

"Quédate aquí en Cafarnaúm", me apresuré a decirle. "Aquí la gente te quiere mucho".

"Lo mismo me dijo Nicodemo. Pero no. Debo ir a Jerusalén. Es lo que mi Padre quiere. No puedo traer un mensaje a Israel y dejar fuera a Judá".

"¿Qué pasará con tu mensaje si algo te sucede?".

"También eso está en las manos de Dios. Dios les enviará otro intercesor, un espíritu que hablará al corazón de la gente así como yo he hablado a sus oídos. Sé que así será".

De repente escuchamos los ruidos de la ciudad. Estaba pasando una caravana, que muy posiblemente se dirigía a la posada de Zenoff, un poco hacia el oeste de donde estábamos conversando.

"No digas nada a los demás de lo que hemos conversado", me dijo. "No necesitan preocuparse o involucrarse en lo que hacen los oficiales en Jerusalén".

"Te lo prometo", dije débilmente. Y, debido al miedo que sentía por él, me arrepentí inmediatamente de mi promesa.

18

La mujer pagana

Tú me has ganado con tu persistencia, y sí,
con tu fe.

Jesús y sus amigos estuvieron ausentes de nuevo durante algunos días, esta vez se fueron para la región de Tiro. Me da mucho gusto que Jesús haya regresado y esté nuevamente junto al lago. Mis actividades diarias se organizan en torno a su predicación. Cuando Jesús tomó un descanso para que la gente fuera a almorzar, me senté en la gramilla junto con Tomás, "el Viento del Sur".

"¿Qué hubo de interesante en su viaje a Tiro?", le pregunté.

"Hubo un incidente que te hubiera gustado presenciar", dijo. "Una mujer pagana, al menos me pareció que era extranjera, quería que Jesús expulsara a un demonio que se había posesionado de su hija. Al principio Jesús la rechazó, diciéndole que su misión estaba dirigida al pueblo de Israel. Pero ella le dijo: "¡Debí haber notado desde el principio que tus brazos son muy pequeños"!

"¿Tus brazos son muy pequeños?", interrumpí. "¿Qué quiso decir con eso?".

Tomás se carcajeó. "También a mi me sorprendió ese comentario tan peculiar. Pero creo que gracias a eso obtuvo lo que quería. Jesús le respondió inmediatamente: 'Mis brazos son lo suficientemente grandes para alimentar con la palabra de Dios a aquellos que se sientan a la mesa de Israel'. Pero ella le respondió de nuevo: "¿Son lo suficientemente largos como para alimentar a los perritos que se la pasan debajo de la mesa suplicando que les den algo de comer?" ¡Esa mujer sí que tenía agallas! ¡Cómo disfruté de eso!

"Jesús le respondió: '¿Te estás comparando con un perro?' La mujer sonrió abiertamente y replicó: 'Tú enseñas que Dios cuida de los gorriones. ¿Acaso los perritos están más allá de sus intereses?'".

"Ahora Jesús estaba sumergido enteramente en aquél diálogo y también había una amplia sonrisa en su rostro. Sin más dijo: 'De acuerdo a los criterios judíos, tú eres una pagana. ¿Por qué razón debo compartir contigo el pan que de suyo le corresponde a Israel?'".

"'Las familias cuidan también de sus perros', dijo, sin perder un instante. 'Incluso los bañan. Además, ¡todos dicen que los perros callejeros se convierten en las mejores mascotas!'".

"Para entonces supimos que la mujer se había echado a Jesús al morral. '¡Eres una mujer increíble!', le dijo Jesús. A menudo he discutido con los líderes religiosos y usualmente les gano. Pero tú me has ganado con tu persistencia, y sí, con tu fe. Ahora ve a donde tu hija porque ya ha sanado'. Sin decir más nada, la mujer se acercó directamente a él y le dio un abrazo muy efusivo. Después le dio la espalda y se marchó apresuradamente".

Le agradecí a Tomás que hubiera compartido esa historia conmigo al mismo tiempo que me lamenté perderme de tantas cosas buenas que sucedían cuando Jesús se marchaba.

"En Jesús hay una profundidad sin límites", musitó Tomás. "Creo que hay mucho más acerca de él que ninguno de nosotros alcanza a entender, aun aquellos que lo seguimos a todas partes".

"Pero él está muy contento de que ustedes lo sigan a todas partes. Tanto así que les tiene un apodo a cada uno de ustedes –Viento del Sur–".

Tomás sonrió. "Estoy seguro de que es una muestra de cariño. Pero también estoy seguro de que es una advertencia; algunas veces hablo mucho y parezco más un viento caliente en lugar de otra cosa que valga la pena". Sonreí y reí al mismo tiempo que se ponía de pie. Mientras se retiraba me puse a pensar qué había detrás de aquél "Chanclas" con el que Jesús se dirigía a mí.

Me regresé al taller y permanecí en la puerta mirando fijamente hacia adentro. El lugar se veía lleno, pero habitable. "Chanclas", pensé. Cuando Dios invitó a Adán a que nombrara a los animales, le dio dominio sobre ellos. Cuando un padre da nombre a una criatura o cuando un niño da nombre a una mascota, se crea un vínculo entre ellos. La libertad se intercambia por la responsabilidad en ambas partes. Repentinamente surge una responsabilidad mutua. Y ahora, a pesar de que es sólo un sobrenombre, Jesús me ha nombrado.

❧ 19 ❧

Justicia y misericordia

*Redimen sus propias faltas al ser
misericordiosos con los demás.*

El día de hoy un juez se puso a platicar con
Jesús respecto al equilibrio que existe entre
la justicia y la misericordia.

"Diariamente tomo decisiones que pueden ser
muy delicadas", dijo el juez. "Y aunque imploro que
se me dé la sabiduría de Salomón, nunca sé si mis
decisiones han sido las correctas. Algunas veces
las propiedades de la gente, su libertad, y hasta su
vida misma, dependen de ese equilibrio. Aun en los
casos en que creo saber qué es lo correcto, vuelvo

mis ojos a los de ellos y mi alma se sacude por la consecuencia que mi sentencia traerá a la vida que les queda por vivir".

Jesús expresó admiración y compasión por el trabajo tan difícil con el que los jueces honestos deben bregar diariamente. Después contó la historia de un patrón que misericordiosamente perdonó la deuda de uno de sus peones. Aun así, más tarde el patrón se dio cuenta de que su trabajador no había sido misericordioso con uno de sus compañeros en otra cosa mucho más pequeña. Se enojó tanto que revocó la misericordia que había mostrado a su empleado.

"Dios espera que ustedes sean misericordiosos con los demás, así como Dios lo es con ustedes. Pues redimen sus propias faltas al ser misericordiosos con los demás".

"Nadie les está sugiriendo que dejen que el ladrón se robe de su despensa el pan que corresponde a sus hijos. ¡Dios no está peleado con las cerraduras y los candados! Pero una vez que el robo está hecho y no puede revertirse, ¿qué actitud tomarían ante el ladrón? ¿Lo odiarían y se vengarían de él? Cuando actúan de esa manera, la pérdida original se hace más grande aun porque pierden ustedes también su propia dignidad y tranquilidad de espíritu".

Y añadió otra historia. "Había dos reyes que estaban en guerra; ambos hicieron prisioneros a algunos soldados del ejército rival. En cierta ocasión, uno de ellos se llenó de ira debido a un error de uno de los prisioneros y lo mandó ejecutar. La noticia llegó al rey contrario quien, para vengar su soldado, mató dos de los prisioneros. Molesto por su proceder, el rey que había matado al primero, mandó ejecutar a diez prisioneros más. La suma de sus ejecuciones fue creciendo hasta que fueron asesinados todos los prisioneros en ambos lados. Con los pocos soldados que les quedaron, se enfrentaron nuevamente entre sí, pero estaban tan debilitados que llegó otro rey que venía de fuera, invadió su país y los destruyó a los dos".

"La venganza no logra absolutamente nada y la satisfacción que se obtiene cuando has superado el marcador de los otros se convierte al final en una victoria amarga. Dios les ha dado el ejemplo a seguir en los relatos de Adán y Eva, lo mismo en el adúltero rey David y el profeta Jonás, que primero se negó a cumplir la voluntad de Dios y después se comportó de manera arrogante. La conducta que se guía por la misericordia se gana la bendición de Dios y convierte al juez en el más sabio de los hombres".

✦20✦

Generosidad

*¿Crees que se agotará la generosidad de
tu Padre?*

Hoy Jesús estuvo hablando acerca de la
generosidad.

"Si un hombre necesita una moneda,
dale dos. ¿Acaso crees que se agotará la generosidad de tu Padre si eres generoso con los demás? Si
alguien necesita tu abrigo", dijo, "dale también tu
camisa. Piensen en lo alegre que él se pondrá con la
generosidad de ustedes".

"Si un carpintero, por equivocación, les hace
un ropero muy grande, aun hay oportunidad de

solucionar el problema. Pero si se los hace muy pequeño, entonces aquel ropero ya no responde a sus necesidades. Si un constructor compra materiales extras, multiplica sus opciones y podrá estar seguro de que terminará su trabajo. De lo contrario, si escatima en cuanto a los materiales, no podrá terminar su trabajo".

"No intenten ser tacaños y generosos a la vez", dijo, sonriendo. Han notado que el árbol produce miles y miles de semillas. Desde luego que no todas germinarán y crecerán. Pero de esta manera, la naturaleza y su Creador se aseguran de que el árbol tendrá crías suficientes incluso después que lo hayan talado. Tomen ese ejemplo como su modelo de generosidad. Y no estén buscando que se les pague dinero a cambio de cada uno de los favores que realizan".

El día de hoy su discurso y predicación fueron muy agradables. Eso no quiere decir que su mensaje dejara de ser inquietante y desafiante, como siempre. Nos dejó con muchísimas inquietudes para que sigamos meditando en ellas. Siempre me he considerado generoso, pero a la luz de esta predicación, debo admitir que mi generosidad ha sido demasiado calculada y limitada.

En el grupo de los íntimos de Jesús hay uno que se llama Judas. Es él quien casi siempre circula el canasto para que la gente haga sus contribuciones. Aparentemente es quien mantiene la bolsa de ahorros con la que cubren sus necesidades básicas cuando viajan a otra parte. Jesús no le permitió que hoy pasara el canasto. Creo que Jesús estaba preocupado porque la colecta se viera como una actitud mercenaria de cara al mensaje que había predicado acerca de la generosidad.

Creo que Judas es un escriba, a pesar de que es muy reservado y raramente comparte algo acerca de su persona. Se comporta muy cariñoso con Jesús, además de que se emociona muchísimo cada vez que Jesús habla de su reino.

La práctica de aceptar donativos es razonable y probablemente necesaria, pero imagino que algunos de los íntimos de Jesús no se sienten muy a gusto con ella. Yo creo que el problema no es la canasta sino Judas mismo. No hay evidencia de que sea una persona deshonesta. Sin embargo, Judas es una persona un tanto solitaria y parece no rendir cuentas a nadie. He escuchado algunos comentarios de Santiago que me llevan a creer que los íntimos de Jesús sienten que éste es demasiado confiado con Judas y un tanto ingenuo respecto a él.

❦21❧

El hombre ciego

*¿Acaso Dios está endeudado con nosotros
de tal suerte que nos sentimos con derecho a
condicionarlo?.*

¡Creo haber contemplado una de sus maravillas!

Justo al comenzar la mañana un hombre ciego le pidió a Jesús que le regresara la vista. Este hombre era ligeramente flaco y parecía tener un poco más de treinta años. Jesús le pidió que se sentara y escuchara. Pero sus súplicas eran cada vez más fuertes e insistentes tanto así que

Jesús, sólo usando un lenguaje estricto e inflexible, logró que éste se sentara. Después de esta indicación, Jesús comenzó a hablar en un tono diferente y hogareño respecto a la necesidad de estar agradecidos por los dones recibidos así como de la necesidad de apreciar la presencia de Dios en el mundo que nos rodea.

En realidad, el día había sido verdaderamente hermoso, lo que hizo más fácil aun para nosotros reconocer el cuidado que Dios tiene por nosotros, que era precisamente de lo que Jesús estaba hablando. Se valió del hombre ciego para ilustrar su enseñanza. Hizo claro ante nosotros que aquel hombre jamás había tenido la posibilidad de ver, pero que, aun así, había muchas cosas acerca del mundo y de su propia vida que podía apreciar aun sin tener la capacidad de ver. El hombre estuvo de acuerdo con Jesús y describió algunas de las bendiciones que experimentaba a pesar de su limitación física. "Pero", agregó enfáticamente con la finalidad de que Jesús lo escuchara: "¡Me encantaría tener la oportunidad de alabar a Dios también por las cosas que pudiera ver con mis propios ojos!".

Entonces, más temprano que de ordinario, Jesús le pidió a la multitud que se retirara a casa. El día había terminado. Algunos de nosotros –quizá unos veinte, incluyendo sus íntimos– nos quedamos con él, deseosos de ver lo que pasaría con el hombre ciego. Jesús lo levantó, lo tomó de la mano y caminó hacia el norte con él, hacia las colinas que están al lado del lago, dejándonos tras de sí. Así que nos sentamos y nos pusimos a hablar. A pesar de que distaba mucho del mediodía, decidí comer lo que había llevado para almorzar.

Pese a la distancia que había entre nosotros, aun podíamos ver a Jesús junto al ciego. Se habían detenido como para conversar. Alcanzamos a ver que Jesús ponía sus manos sobre el rostro del ciego. De repente hubo un fuerte grito, seguido de un extraño gemido por parte del ciego. Parecía que estaba danzando en círculos mientras Jesús seguía de pie junto a él. Siguieron hablando por un rato más y después ambos se encaminaron hacia donde nos encontrábamos. Mientras se acercaban, el ciego –mejor dicho, el hombre que había estado ciego– comenzó a correr hacia nosotros. Reía enérgicamente mientras corría al punto que le era difícil respirar y, sin demora, comenzó a gritar: "¡Puedo ver!", "¡Puedo ver!". Cuando estuvo frente a nosotros, agarró al primero que se encontró –por casualidad le tocó a Simón– y se puso a danzar con él en forma de círculo, sacudiéndolo una y otra vez debido a la enorme alegría que lo atrapaba. "¡Puedo ver!", "¡Puedo ver!".

Cuando Jesús estuvo frente a esta escena jubilosa, colocó su mano en el hombro del que había sanado pidiéndole que se detuviera y gentilmente añadió: "Recuerda lo que te dije".

El hombre respondió: "Ya sé que no le tengo que decir nada a nadie, que no debo hacer de esto algo grande". Y volvió su mirada a Jesús con una expresión casi dolorosa. "¡Pero puedo ver! ¡Tú me has dado la vista!", agregó en tono defensivo. "Estas gentes estaban aquí. Así que ya saben lo que has hecho por mí".

"Entiendo", le dijo Jesús. "También entiendo que no puedas esperar que tu familia, amigos y vecinos no se den cuenta de que ahora puedas ver. Pero aún así, te pido que no lo anuncies como una de las maravillas del Maestro. Solamente diles que oramos juntos y que Dios te bendijo con el don de la vista".

El que había sido ciego se volvió a nosotros y dijo: "¿Pueden imaginarse lo que es ver por vez primera? ¿Qué pueden decirle al médico que les devolvió la vista? ¡La vista!".

Después, el hombre miró a Jesús y le prometió: "No haré propaganda con esto. Diré simplemente que Dios tuvo a bien el devolverme la vista". Sin más, rodeó a Jesús con sus brazos, le dio un fuerte y prolongado abrazo y se fue corriendo rumbo a la ciudad. De repente se detuvo, se dio la vuelta y le gritó a Jesús: "¡Sin embargo, sé lo que ha pasado!", y se detuvo por un momento. "¡También estas gentes saben lo que ha pasado!". Jesús continuó mirándolo con una actitud seria. Después, aquél que había sido ciego, saludó con la mano, y se echó a correr nuevamente.

Cuando perdimos de vista a aquel hombre, Simón le dijo a Jesús: "¿Por qué no quieres que le diga a nadie lo que ha pasado? Creo que debería gustarte que toda la gente se enterase de lo que ha pasado. ¡Esto es algo maravilloso! Una proeza de estas capturará la atención de la gente. ¿Por qué quieres silenciarlo?".

Simón se detuvo y todos pudimos ver que se le estaba ocurriendo una idea. "De hecho, ¿por qué no haces esto más seguido? ¡Eso reuniría una muchedumbre todos los días en torno a ti!".

Jesús le respondió. "Desde que descubrí que tengo este don de sanación, me he visto en circunstancias en que me parece que eso es justo lo que debo hacer. Sin embargo, nunca me he sentido a gusto entrometiéndome con la naturaleza. Estoy muy contento por ese hombre. Su nombre es Josué.

Su vida se verá enriquecida gracias a que sus ojos pueden ahora ver. ¿Pero de qué manera contribuye esto al Reino de Dios?".

"No quiero que la gente me vea como un curandero o mago. No estoy aquí para deslumbrar a toda la gente con mi poder curativo. ¿De qué manera serviría una actitud así para la construcción del Reino de Dios? Estoy aquí para transmitir el mensaje amoroso de Dios e invitar a la gente a que respondan a su amor".

"Sé que hay personas que esperan que la presencia de Dios se anuncie por medio de cosas maravillosas. Piensan que si los mares no se parten en dos, Dios se está escondiendo. ¡Qué manera más tonta de pensar! ¿Alguien me escuchó esta mañana? ¿Acaso no pueden ver el poder, la belleza y la grandeza de Dios en un millón de cosas que hay alrededor de nosotros —desde la inmensa bóveda celestial—", dijo, mirando al cielo y abarcándolo con sus brazos abiertos, 'hasta la más pequeña de sus obras'? ¿Son capaces de ver la grandeza de Dios en la fuerza de este mar que vemos frente a nosotros o necesitará secarse a fin de que la gente escuche y crea?".

"La gente que dice, 'sólo creeré si Dios me deslumbra moviendo una montaña de un lado a otro' se está engañando a sí misma. ¿Acaso no es tentar a Dios decirle: 'Aquí están las condiciones bajo las cuales te aceptaré a ti y a todas tus exigencias'? ¿Acaso Dios está endeudado con nosotros de tal suerte que nos sentimos con derecho a condicionarlo? Dios ha sido generoso –en exceso– al manifestarnos la evidencia de su grandeza y sabiduría, así como su belleza y ternura".

Se detuvo y volvió la vista hacia el camino que había seguido el hombre que había estado ciego. Después, miró hacia donde estábamos. Todos nos quedamos hundidos en un profundo silencio, incluyendo Simón. Cuando continuó Jesús, pude notar que en su voz había un timbre de frustración.

"Díganme una cosa", preguntó. "Si no hubiera nada en este lugar, serían tan presuntuosos o imaginativos como para decirle a Dios, '¡pruébanos que realmente te interesamos!'. Haz que encima de este lugar haya una cadena montañosa. Acompáñala de un mar enorme y llénalo de toda clase de peces de manera que podamos comer y ganar aquí nuestra vida y así proveer alimento para los demás. ¡Piensen en eso! '¡Qué mezquino sería para Dios decir: 'Si realizo estas maravillas, la gente vendrá y creerá en mí!'. Dios ha decidido manifestar su presencia y su llamado de acuerdo a sus propios criterios y no a los nuestros".

Después preguntó: "¿Ahora ven por qué no quiero construir mi misión sobre los signos y sobre lo que la gente puede considerar como milagros? Están esperando un campeón que los deslumbre y que los deleite o a alguien que con su gran espada degüelle de un sólo tajo a sus enemigos. Pero yo sólo proclamo el mensaje de Dios como lo hace un profeta. Solamente creerán aquellos que decidan creer".

Sin duda, Jesús estaba leyendo lo que había en nuestro corazón. Yo mismo estuve de acuerdo con la proposición que le había hecho Simón. ¿Por qué trabajar arduamente para llevar su mensaje a la gente por medio de la predicación cuando tiene la opción de hacerlo simplemente por medio de sus obras maravillosas? Y, sin embargo, el Maestro está en lo correcto. He decidido seguirlo debido a la verdad que encuentro en su mensaje y a la santidad que veo en su persona y estilo de vida. ¿Cómo podría un huracán de milagros alterar esa realidad?

22

Judas

*Cada decisión que tomen debe tener como
base el compromiso de tomar en serio
mis palabras.*

Esto era lo que Jesús nos estaba diciendo esta mañana: "Estoy seguro que muchos de ustedes ven el camino que les propongo como sano y razonable. Jamás los dirigiría por un mal camino. Dios no se duerme. Lo que él exige es urgente y persistente. Nuestras obligaciones con él no se satisfacen con la celebración del sábado en la sinagoga o celebrando las fiestas en el templo. La verdadera religión requiere que todo lo que hagan y cada decisión que tomen debe tener como base el compromiso de tomar en serio mis palabras".

Sin querer, fue interrumpido por un niño que corrió hacia él y echó sus brazos alrededor de la pierna de Jesús. La tensión que el mensaje había ocasionado, se relajó de repente y la asamblea se echó a reír. Jesús, por su parte, sonrió para con todos, abrazó al niño que se había acercado a él y lo levantó a la vista de todos.

"¿Cómo te llamas, pequeño?", le preguntó.

"José", respondió con claridad sorprendente.

"¡Qué bonito nombre! Por cierto, hay un hombre a quien admiro mucho, y también se llama José, igual que tú", le dijo Jesús. El niño, por su parte, sonrió.

Y mientras seguía abrazando al niño, Jesús miró nuevamente a la multitud y otra vez su rostro se puso serio.

"El trabajo del pequeño José es ser un niño. Ya ha aprendido a caminar, correr y a hablar. Su tarea es jugar, aprender y crecer. El cumplimiento de esa tarea ocupa todo su día". Miró serenamente a José y le preguntó: "¿No es así?". Y ambos intercambiaron sonrisas.

"José no tiene un día especial para jugar, otro para aprender y otro más para crecer", continuó. "Todo se da al mismo tiempo, es algo continuo. Y lo que Dios quiere de ustedes es semejante a eso. Dios les pide que no se aten a un esquema fijo. Las exigencias de Dios siempre estarán ahí. Cuando las cosas sucedan y aparezcan las oportunidades, Dios quiere que respondan con el cuidado, generosidad, gratitud y sensibilidad necesarias".

Después, Jesús besó al niño en la mejilla y lo despachó. El niño se fue corriendo hacia su madre.

"No les estoy prometiendo que esta respuesta será fácil", nos dijo más tarde. "Pero si está más allá de lo que están dispuestos a dar, entonces ustedes no son mis discípulos, no importa qué tan atractivo les parezca mi mensaje".

A la hora del almuerzo, a eso del mediodía, tuve una conversación a solas con Judas, el que a menudo pasa la canasta entre los asistentes mientras Jesús predica. Muchos de nosotros llevamos algo para

comer siempre que vamos al lago, y mientras almor-
zaba, Judas se sentó junto a mí.

"Tú eres el que Jesús llama "Chanclas", me dijo.
"Soy un zapatero remendón de Cafarnaúm", le
expliqué. "No entiendo cómo fue que Jesús supo
eso, pero me da mucho gusto que lo haya notado".

"Jesús es un hombre sumamente impresionante", comentó Judas. "Aún me cuesta trabajo
creer que toda esta gente venga hasta aquí para
escucharlo. Eso es notabilísimo".

"Parece que últimamente los líderes religiosos
se han olvidado de que existe", le dije. "Ya no habido
más confrontaciones entre ellos, como aquellas que
tuvieron durante las primeras semanas de su predicación entre nosotros".

"Creo que es la calma que precede a la tormenta",
dijo Judas. "Me preocupa que estén planeando una
manera de silenciarlo. Desde su perspectiva, Jesús
no es bueno para los negocios. Cuando leyó y predicó por vez primera en la sinagoga, creo que los
líderes religiosos pensaron que era inofensivo y que
se desaparecería tan pronto como lo expusieran

públicamente ante la gente. Pero la estrategia no funcionó y Jesús no deja de desbaratar públicamente todos sus argumentos y hacer que sus enseñanzas aparezcan como algo tonto e irrelevante. Así que, ante el pueblo Jesús se ha convertido en el héroe y ellos en villanos. Los líderes piensan que su continua búsqueda de escapatorias da cuenta de su habilidad académica, pero Jesús los calla precisamente por medio de la Ley. Eso es amenazar su fuente de ingresos, y cualquier hombre se vuelve mezquino cuando alguien le hace eso".

"Si los líderes religiosos lo ven como una amenaza, entonces no ayuda en nada que las multitudes se reúnan en torno a Jesús, porque eso impide que pase desapercibido", dije.

"Precisamente", continuó Judas. "No sé cuál sea su plan, pero estoy seguro de que consideran que es necesario hacer algo. Expulsarlo de la sinagoga no tendría ningún efecto ahora; de hecho, ya casi nunca va a las sinagogas. Además, no es que él ande quebrantando leyes, a no ser ciertas escrupulosas añadiduras que ellos le han hecho al código legal. No hay algo realmente sustancial por lo cual puedan acusarlo. Si lo escuchan atentamente, se darán cuenta que no está invitando a nadie a una rebelión. Pero aun así, estoy seguro que Jesús los hace sentir muy nerviosos.

"La rebelión a la que él nos llama está en nuestras propias almas", le dije. "Y eso ya es bastante guerra que combatir. En cuanto a mí, pienso que soy una mejor persona desde que he venido a escuchar su mensaje. Por otra parte, aún no he llegado a una conclusión respecto a qué o quién exactamente en mi alma es el enemigo a vencer".

"Estoy teniendo el mismo problema", dijo Judas. "Al principio me quedé anonadado ante él. Pero ahora tengo qué lidiar con todas estas cosas. Además, soy muy joven y necesito pensar en qué pasará conmigo en caso de que lo encarcelen o lo asesinen".

Me quedé frío al escuchar su comentario pues reflejaba una percepción muy diferente a la mía. Cuando lo miré a los ojos, no vi en ellos emoción, sino un miedo aterrador.

Como si confirmara mis pensamientos, Judas prosiguió, diciendo: "No soy un cobarde. Sin embargo, ¿por qué razón habría yo de terminar muerto o en la cárcel debido mi fascinación por Jesús? Cuando el entusiasmo y el sentido común chocan entre sí, uno tiene qué ser razonable", concluyó.

De repente me sentí muy incómodo junto a este hombre. Me sorprendió muchísimo que su relación con Jesús estuviera así de calculada. En lo personal, Jesús me parece alguien muy liberador. Me hace sentir pleno y hasta me desafía a ser mejor persona, no sólo en un aspecto sino en todos a la vez.

¡Y eso que este hombre acaba de escuchar de labios de Jesús qué significa comprometerse!

Sentí alivio cuando terminé mi almuerzo y tuve así un buen pretexto para despedirme de él.

❧23❧

Moisés y Elías

La gloria del Señor no está escondida ante
ustedes. Al contrario, es un don que Dios
quiere compartirles.

Rápido se corrió la noticia de que Jesús no estaba esa mañana en el lago. Así que me quedé en el taller a trabajar. Al comenzar la tarde, mientras estaba sentado bajo la sombra que hay afuera del taller, sin esperarlo, llegaron tres de sus íntimos, que, al parecer, venían del lago. Si hubieran venido conversando, no los hubiera interrumpido, pero venían callados y muy serios, como si estuvieran meditabundos o, incluso, molestos.

"¿Les gustaría pasar adentro y gozar por un momento de la sombra?", les pregunté. "Podría ofrecerles algo de té, si así lo desean".

Era Simón y los dos Truenos. Intercambiaron expresiones y sin decir una sola palabra, aceptaron mi invitación de inmediato. Me halaga que se sientan tan a gusto conmigo. No creo que los demás me consideren entre los íntimos de Jesús; aun así, todos ellos me conocen de vista y saben del sobrenombre que me ha dado Jesús. Además, me consideran un discípulo de Jesús y amigo de su movimiento. Así pues, entraron los tres y se sentaron a la mesa, mientras comencé a preparar el té.

"¡Parece como si hubieran visto un fantasma!", dije, para romper el silencio. Parecían estar muy serios y, tratándose de hombres que están acostumbrados a todo, me pareció que estaban muy pálidos.

Santiago sonrió tras mi comentario.

Santiago es el hermano mayor de Juan. Uno no pensaría que son hermanos porque Santiago es de cara redonda, pelo rizado y un cuerpo fornido, exactamente lo opuesto a Juan. Tiene un carácter demasiado temperamental que se manifiesta de manera especial cuando los piadosos atacan a Jesús.

Es muy usual ver que Jesús le dirija a Santiago una mirada o un gesto discreto para hacerle entender que quiere lidiar por sí mismo con esa situación.

Frecuentemente he notado que Santiago asiente con su cabeza cuando Jesús está diciendo algo, aun en las conversaciones informales que toman lugar en la posada de Zenoff.

"Es chistoso", dijo Santiago, dirigiéndose más a sus compañeros que a mí. Entonces se dirigió a mí como si quisiera aclarar las cosas: "Pensamos que en realidad acabamos de ver un fantasma —aunque en realidad eran dos—".

Me quedé paralizado ante aquella afirmación, y después, muy lentamente, tomé mi silla y esperé a que Santiago continuara.

Santiago y Juan prefirieron que fuera Simón quien hablara. Antes de comenzar, aprovechó para limpiar su garganta. "Esta mañana Jesús nos invitó a la montaña a que oráramos con él".

Juan interrumpió el relato de Simón, mirándolo agudamente: "Nos dijo que no dijéramos nada acerca de lo sucedido".

Pero Simón tiene su propio criterio respecto a lo que es aceptable y lo que no lo es. Creo que Jesús le tomó bien la medida cuando decidió darle el sobre nombre de "Roca".

"Chanclas es uno de nosotros. Lo que pasa es que no le tocó estar ahí".

"¿Dónde?", repliqué.

"En la montaña, con nosotros", continuó Simón. "Frecuentemente –por lo menos en muchas ocasiones– nos invita a que subamos con él a la montaña. Y al llegar ahí, nos ponemos a orar. A decir verdad, es él quien hace oración. Nosotros simplemente lo observamos. Creo que espera que aprendamos por el simple hecho de estar con él mientras hace oración".

Juan agregó: "Parece que le ayuda que estemos junto a él mientras está en oración".

"Algunas veces pienso que las conversaciones que tiene con su Padre son difíciles para él. Por eso, pensamos que quiere que estemos ahí mientras comienza a orar", dijo Santiago. Era obvio que entre ellos ya habían hablado respecto a esto. Por mi parte, seguí en silencio.

Simón continuó: "Hoy estaba sentado encima de una piedra. Habíamos llegado junto a él antes que comenzara su oración. Cerró sus ojos como acostumbra hacerlo. Poco a poco comenzamos a notar que había un brillo resplandeciente alrededor de él. Era como si su santidad estuviera creciendo fuera de su cuerpo y fuera otra presencia suya".

"Sí, esa es una buena manera de describirlo", dijo Santiago. "Todos lo vimos. Creo que estábamos un poco asustados".

"Más que 'un poco asustados'", recalcó Juan. "Estabas aterrorizado Simón; pude verlo en tu cara".

"Entonces", continuó Simón, ignorando lo que había dicho Juan y tratando de concentrarse en la explicación del evento, "había dos más...", se detuvo a fin de encontrar la palabra precisa. "Presencias. Estaban junto a él sobre la roca, uno a cada lado de él".

"Estaban hablando con él, pero todo nos parecía como un sueño –no podríamos decir lo que estaban diciendo–", dijo Juan.

"Pero estamos convencidos de que eran Moisés y Elías los que estaban junto a él en su oración. ¡Y conversando con él!", dijo Simón. "Y él también conversaba con ellos. Podíamos escucharlos, pero no podíamos entender qué estaban diciendo".

"Era nuestro Jesús", irrumpió Santiago. "Y él no sólo estaba con ellos; ¡nuestro Jesús era el centro de todo!".

En este momento me parecieron tres niños pequeños que habían experimentado juntos un acontecimiento muy especial y luchaban entre sí por relatar cada uno antes que el otro la historia de lo sucedido. Por mi parte, me sentía profundamente afortunado en ser el primero con quien compartían su historia. El agua para el té ya había hervido, pero yo mismo me encontraba paralizado en aquella historia. Nadie estaba pensando en el té. Simón, por su parte, retomó la historia.

"Después, los tres escuchamos el mismo mensaje. Aún no hemos podido decidir si fue una voz, una cuarta voz, una intuición o algún tipo de revelación. El mensaje fue que este Jesús es la presencia del Señor entre nosotros. Jesús no es sólo un ángel enviado por Dios con un mensaje especial. Tampoco es sólo un profeta que ha sido comisionado para que hable con nosotros en nombre de Dios. Este Jesús es de alguna manera la presencia de Dios entre nosotros".

"Igual que Moisés con la zarza ardiente", añadí.

"Así es", dijo Juan. "Estábamos muy asustados. ¡Ahí estaba Dios!".

"Y de este lado el sabio Salomón dice" –ahora Juan estaba riéndose de Simón–: "'Construyamos un santuario para Jesús, otro para Elías y otro para Moisés'", después volvió su mirada a Simón y se rió abiertamente de él: "Al parecer decidiste que Moisés y Elías no necesitaban de tu ayuda".

El buen humor de Juan había relajado un poco la situación. "¡Mira quién habla!", replicó Simón.

"Estabas tan asustado que no podías ni siquiera hablar. ¡Vamos! Por lo menos yo pude decir algo".

"Todos estábamos asustados", dijo Santiago. "No tenemos la más mínima idea de cuánto duró aquel momento. Una vez que todo volvió a la normalidad, Jesús permaneció con nosotros y después terminó su oración".

"Después, Jesús se volvió a nosotros y nos dijo: 'La gloria del Señor no está escondida ante ustedes. Al contrario, es un don que Dios quiere compartirles'".

"Bajamos del monte sin mucho qué decir". Nuevamente fue Simón quien tomó la palabra. "Jesús ya no habló más de esto. Para entonces ya había regresado a la normalidad −nada de resplandores ni de voces−. Nos quedamos a solas con nuestros propios pensamientos y fue hasta que él nos dejó que comenzamos a hablar entre nosotros sobre lo que había pasado".

Juan me miró y me dijo: "Nos dijo que no habláramos de esto con nadie. Creo que ni siquiera deberíamos estar hablando de eso ahora".

"No te preocupes, de este 'pico no sale nada'", le aseguré. Después nos quedamos en silencio, nadie sabía qué decir. Finalmente les pregunté si todavía querían tomar té.

Simón habló por el grupo. "No. Muchas gracias. Y gracias también por escucharnos. Es muy difícil mantener en silencio una experiencia como esta. Es algo así como intentar mantener el vapor dentro de una olla de agua hirviendo. ¡Es imposible!".

"Estás aprendiendo a hablar como él", le dije. Se rieron todos al unísono y, sin más, se marcharon. Y heme aquí, aún sigo sumergido en esa experiencia.

¿No habrá sido imaginación suya? Por la manera en que proceden y hablan, me parece que no. Estos son tipos serios y correosos, con mucha experiencia de la vida. No son de aquellos que se dejan llevar por sus propias imaginaciones.

Me he estado preguntando si esto le ha estado pasando a Jesús con frecuencia, aunque hasta ahora, no hubiera habido testigos. ¿Qué se ha dicho al respecto? ¿Acaso estas presencias de otro mundo estaban reafirmando la misión de Jesús? ¿Lo estarían aconsejando? ¿Es posible que el mensaje que predica y las historias que cuenta le sean reveladas por el mismo Dios, quien se comunica con él por medio de su oración?

Hay muchas cosas que me sobrepasan.

24

Riquezas

*Vean en su propio corazón qué clase de
generosidad exige Dios de ustedes.*

Esta vez fui testigo de una conversación
muy interesante y desafiante entre Jesús y
un joven que estaba en la multitud. Éste
le preguntó: "En palabras simples, dime ¿qué es lo
que Dios quiere de mí?".

Jesús le respondió: "Moisés les dio un plan de
vida cuando les presentó los mandamientos. No
mates, no robes, honra a tus padres, no mientas, no
cometas adulterio. Eso es algo muy difícil de cumplir. Haz todas esas cosas y Dios estará contento

contigo. ¿No esperabas que Dios te diera un conjunto de reglas creadas exclusivamente para ti? ¿O sí?".

"Todo eso se me enseñó desde que era un niño y así lo he vivido", replicó el joven. "Estoy seguro que tienes algo más exigente para sugerirme. Verás, soy un hombre exitoso y cuento con muchos bienes. Podría ayudar a los demás de alguna manera. Sin embargo, me siento un tanto paralizado respecto a dónde o cómo puedo comenzar a utilizar mis energías y mis talentos".

"Entonces, ¿quieres un desafío?", dijo Jesús.

"¡Sí! Quiero algo que me haga ser diferente, algo con lo cual pueda hacer una gran diferencia. Por ello es que vine a verte, porque pensé que tú me ofrecerías un consejo al respecto".

"¡Regálalo todo!", dijo Jesús. "Dáselo todo a los pobres. No importa de qué manera lo hagas, sólo hazlo. Después ven conmigo y acompáñame. Compromete tu vida a predicar y extender la buena nueva. Por cierto, aquí hay unos colegas entre nosotros. ¡Únete a nosotros!".

Al oírlo se quedó sin palabras. "¿Regalarlo todo sin importar de qué manera lo haga? Estaba pensando en utilizar parte de mis bienes para ayudar a alguien, pero no estoy muy seguro respecto a dar a los demás todo lo que tengo".

"Estoy respondiendo a tu pregunta", le dijo Jesús.

"Necesito pensar en lo que me dices", le respondió el muchacho. Y sin más, se retiró de ahí. Jesús, por su parte, vio cómo se alejaba y volvió a su predicación. No fue sino hasta poco después que Jesús volvió a aquel incidente.

"Ese joven rico es un hombre generoso", dijo Jesús. "Al parecer, lleva una vida digna y buena. Además, está dispuesto a compartir parte de sus recursos con los demás. Pero no está dispuesto a compartirlo todo. No está dispuesto a renunciar a su propia seguridad en aras del Reino de Dios".

"No siempre es dinero, ¿o sí? La gente es rica en diversas maneras. Algunas personas tienen una gran riqueza de talentos o experiencia. Pero a menos que tengan una mentalidad abierta y generosa, siempre estarán midiendo cautelosamente lo que están dispuestos a dar a los demás. Solamente cuando estén dispuestos a compartirlo todo serán capaces de descubrir que Dios es el autor y la fuente de toda su riqueza, así como de sus talentos. La generosidad comienza cuando una persona renuncia al control de la riqueza y la seguridad y elige depender solamente de Dios. Es posible que la gente diga con su boca que confían en Dios o que reconocen que su riqueza, cualquier tipo de riqueza que sea, viene de Dios. Sin embargo, titubean cuando se trata de confiar enteramente en Dios respecto a las necesidades del mañana".

Como a menudo lo hace, Simón expresó claramente lo que todos estábamos pensando. "¿Acaso no es prudente que guardemos lo necesario para nosotros y para nuestra familia?".

Jesús respondió: "Esas son decisiones que deben tomar. ¿Entiendes lo que quiero decir? Si dices: 'Creo en un Dios providente que tiene los medios y la voluntad de cuidar de mis necesidades… pero de todas maneras, guardaré un poco en caso de que no esté ahí cuando lo necesite'. Lo que guardas para ti se convierte en tu seguridad, en caso de que te falle tu confianza en Dios. Por tus acciones estás diciendo: "Confío en Dios siempre y cuando esté seguro de que puedo encargarme de mí mismo'. ¿Qué tipo de fe es esa?".

"La riqueza, en cualquiera de sus formas, puede convertirse en un peso que puede doblegarte. Si no puedes liberarte de ella, te será muy difícil buscar el Reino y la justicia de Dios. Quedas atrapado por las cosas de la tierra, es decir, por las cosas que preocupan tu mente, tu tiempo y tu energía. Como resultado, tener a Dios en tu vida y trabajar por su reino pasan a un segundo plano y se convierten en asuntos de menor importancia. Es difícil, naturalmente difícil, que las personas ricas renuncien a su riqueza y se liberen de la confusión que las riquezas conllevan".

"Los pobres tienen muchísimas cosas menos que puedan atarlos; de alguna manera, a ellos les resulta más fácil despegarse de ellas para entregarse al Reino de Dios. Sin embargo, los ricos tienen

muchas cosas que retienen y comprometen su corazón. Para ellos, prescindir de estas cosas en aras del
Reino es mucho más difícil".

"¿Estás diciendo que el joven rico está conde-
nado?", preguntó Simón.

"Tiene ante sí el reto de hacer algo más con lo
que ya tiene", dijo Jesús. "Tiene una alma generosa.
Pero lo que él quiere es medir su generosidad sin
realmente arriesgar la seguridad que le proporciona
su riqueza. ¿No es así?".

"La lección de este incidente es para ustedes.
Vean en su propio corazón qué clase de generosidad exige Dios de ustedes".

Nos contó además esta historia. "Un hombre
tenía muchas riquezas, pero nada parecía ser suficiente para él. Rechazó muchísimas oportunidades
de ayudar a una cuñada, viuda de su hermano, y a
sus hijos. Se decía a sí mismo para justificarse: 'algún
día tendré suficiente y entonces me haré cargo de mi
cuñada y mis sobrinos, pero no en este momento'".

"Un buen día se embarcó en un viaje largo. Para
prepararse, cambió todos sus bienes por doscientas

monedas de oro y las guardó en una bolsa que rodeaba su cintura, quedando así toda su fortuna debajo de su túnica. Al oírlo nos soltamos todos a reír, puesto que imaginamos el peso de su cinturón y lo imposible que le resultaría a aquel hombre caminar con tanto oro en su cintura.

Mientras viajaba, el barco se llenó de agua y finalmente se hundió. La tripulación y los pasajeros se aferraron a los escombros flotantes y ahí permanecieron varias horas hasta que otro barco los encontró y los rescató. Pero el hombre rico, cargado con el peso de sus monedas de oro, no quiso aflojar su cinturón y terminó hundiéndose junto con sus monedas".

"Así pues, díganme una cosa. ¿Qué valor tenía su oro y su fortuna? ¿A quién beneficiarán en el fondo del mar?".

Como un apéndice al discurso, debo añadir que Jesús no le permitió a Judas pasar el canasto entre la multitud. Siempre que habla de la generosidad, parece preocuparle la posibilidad de que la colecta afecte o desmerezca de alguna manera su mensaje.

❧ 25 ❧

La conversión de Zaqueo

Cuando Dios perdona, lo hace desde su entraña más profunda.

Quiero escribir esto antes de que olvide los detalles. Esta mañana, muchos de nosotros, incluyendo el mismo Jesús, llegamos al lago más temprano que de ordinario, incluso, antes que la multitud. Sin más, se suscitó esta conversación entre Jesús, Simón y Andrés.

"¿Qué tal estuvo la cena en casa de Zaqueo?", preguntó Simón.

Zaqueo es un recaudador de impuestos, muy conocido entre nosotros, pero poco respetado. De hecho, todos lo consideramos como una persona deshonesta. Ayer, la multitud que escuchaba a Jesús era tan grande que Zaqueo se vio en la necesidad de subirse a un árbol para así ver más fácilmente a Jesús. Jesús nos asustó a todos al detenerse a hablar con Zaqueo, y antes de que terminara su conversación con él, se invitó a sí mismo a cenar a su casa.

"Te perdiste una buena cena, Roca", le dijo Jesús. "Preparó un gran banquete".

"¿Qué cenaron?".

"Zaqueo debe tener buenos amigos o muy buenas conexiones para poder preparar todo eso en tan poco tiempo", dijo Jesús. "Había cordero asado y al pastor, acompañado de una gran variedad de guarniciones y un excelente vino tinto. Felipe y los hermanos Trueno me acompañaron. Es una lástima que no hayas estado ahí".

"Decidimos trabajar un poco", intervino Andrés. "Te fuiste lo suficientemente temprano, como para que aprovecháramos lo que quedaba de claridad, así que nos fuimos a pescar".

"El trabajo es bueno", dijo Jesús, a la vez que chispeaba humorísticamente sus ojos. "¿Realmente se fueron a pescar porque me fui temprano o les dio vergüenza aceptar una invitación de alguien como Zaqueo?".

"Debiste haber escuchado lo que dijo la gente cuando te fuiste", replicó Simón. "Los maestros de la sinagoga no parecen estar muy de acuerdo en que vayas a fiestas y compartas la mesa con pecadores y sabes muy bien que ellos consideran a Zaqueo como un pecador. Tú mismo has oído los rumores acerca de sus negocios deshonestos".

"No están muy de acuerdo en que vaya a ninguna fiesta, no sólo a las fiestas de pecadores, ¿no es así? En su mente, las fiestas y la santidad, sencillamente no se llevan".

"Zaqueo se emocionó cuando dijiste que querías ir a su casa a cenar con él", dijo Andrés. "Y al final parecía genuinamente comprometido a hacer lo correcto".

"Creo que es una persona sincera, dijo Jesús. Pero la conversión del corazón es algo constante. La bondad no es sólo un principio de vida que te lleva a escoger algo una sola vez, sino una fuerza que debe acompañar una decisión tras otra".

"Pero Zaqueo prometió que devolvería hasta cuatro veces más lo que hubiera robado a la gente. Eso me parece muy genuino y generoso", dijo Simón.

"Sin duda la intención es verdaderamente generosa, Roca. Estoy seguro de que Zaqueo estaba convencido de todo lo que dijo. Pero, ¿qué pasará? Incluso si Zaqueo cumpliera su promesa, esta conversión no borrará el dolor que ha causado anteriormente en los demás. Zaqueo está arrepentido por haber engañado a la gente, pero no puede reparar sus faltas por el sólo hecho de sentirse culpable o aun por el hecho de intentar pagar a quienes ha engañado. Toda acción tiene efectos duraderos. El dolor permanece".

"El pecado es algo enorme. En cierta manera entiendo el juicio tan duro que emitieron sobre él nuestros piadosos amigos. Sin embargo, tienen una apreciación muy superficial de lo que es el pecado. Comprender la envergadura y profundidad de los efectos del pecado —sobre la gente inocente en las relaciones con los demás, en la comunidad y aun en el pecador mismo— está más allá de su comprehensión. Aun así, no tienen el más mínimo deseo, como lo tiene el Señor, de perdonar e ir más allá del daño causado".

"Cuando Dios perdona, lo hace desde su entraña más profunda. Es como un abrazo que das a un villano que ha ofendido gravemente a alguien que amas".

Hubo un momento de silencio. Jesús es fascinante siempre que habla de temas como éste. Hay una fuerza interna, una convicción y una pasión impresionante en la manera en que habla, aun en los gestos que hace. Miró alrededor y sonrió, como algunas veces lo hace, al darse cuenta lo experto que se está volviendo para hablar de estas cosas.

"Entonces ¿dónde dejamos a Zaqueo?", preguntó Simón, un tanto desconcertado.

"Me siento muy contento de su conversión. Me sentí feliz al darle el abrazo con el que Dios lo perdonaba. Fue algo muy especial, regocijante y divertido haber tomado parte en la fiesta de su nuevo comienzo. ¿Creen que haya algo más importante que merezca una fiesta?".

Para entonces la muchedumbre comenzaba a reunirse y Jesús se puso de pie y se alistó para dirigirse a ellos.

❦ 26 ❧

Matrimonio

El mundo de carne y hueso lleva en sí
mismo el mundo del espíritu.

H oy, al caer la tarde, Jesús despidió a la
multitud casi inmediatamente después
de haber concluido su predicación. Él,
casi todos sus íntimos y algunos de nosotros, permanecimos por largo rato junto al lago. Nos relaja-
mos tranquilamente mientras gozábamos del buen
clima y veíamos cómo se amontonaban las nubes
esponjosas sobre el lago.

"¡Tú nunca te casaste!", dijo Simón abruptamente mientras fijaba su atención en Jesús. "Platícanos cómo está eso".

¡Sentí que el estómago se me hizo nudo! Creo que ese es un asunto muy personal y no de la incumbencia de Simón. Debo admitir que me había hecho esa misma pregunta antes –de hecho, creo que todos nosotros nos habíamos cuestionado acerca de eso– pero jamás nos habríamos atrevido a preguntarle directamente a Jesús. En cierta forma, Simón es el que da voz a mis preguntas.

Por alguna razón jamás fui capaz de imaginarme a Juan el bautista como un hombre casado. Además de que sólo lo ví en una o dos ocasiones. A decir verdad, jamás le encontré un lado romántico. Por otra parte, Jesús, es un hombre sensible y equilibrado. Además, tiene amigas muy cercanas a él y siempre hay mujeres entre la muchedumbre que se reúnen a escucharlo. Si no estuviera muy ocupado en "el trabajo de su Padre", sería fácil imaginarlo como alguien casado, dedicado a su esposa y la crianza de sus hijos. Pero él nunca ha hablado de este asunto, ni siquiera en las conversaciones informales que se suscitan en la posada de Zenoff.

"La mayoría de ustedes son personas casadas", dijo Jesús sonriendo ampliamente. "¿Sería yo tan tonto como para sugerir que es una mala idea?".

"Pero si es una buena idea", persistió Simón. "¿Por qué no te casas?".

"La relación matrimonial es maravillosa", afirmó Jesús, ahora con un tono sereno. "¿Acaso no lo han notado cuando ven a las familias que se reúnen junto al lago? El hombre y la mujer son un magnífico apoyo el uno para el otro. Y así debe ser. 'Hombre y mujer los creó', ¿se acuerdan? Y, así como Dios lo dispuso, el matrimonio provee un hogar donde los hijos puedan nacer y crecer. Simón, tú mismo sabes lo importante que ha sido que estés casado para que hayas llegado a ser quien eres".

"Mira, Jesús, ¡Más vale que también se lo digas a mi esposa!", agregó Simón. "¡Ten mucho cuidado con eso Simón, le replicó Jesús, porque hay muchas cosas más que podría decirle!".

La respuesta fue muy graciosa, y desvaneció la tensión creada por la pregunta que Simón hiciera. No obstante, Jesús continuó hablando seriamente al respecto. "No me casé debido a lo que exige la misión que se me ha encomendado".

"Hay dos mundos. Uno de ellos es el que ven, escuchan y saborean. Éste es el mundo de carne y hueso. El otro es el mundo que sienten y creen. Éste es el mundo del espíritu y la fe. No he venido a descalificar o destruir el primero de los mundos sino a concentrar la atención de ustedes sobre el segundo".

"Dios está en el mundo del espíritu. Siendo así, ¿de qué manera se relaciona con el mundo de carne y hueso? ¿Cómo se comunica con la familia humana? ¿Qué puente tiende sobre la inmensa distancia que hay entre la tierra y el espíritu? ¿Cómo puede hacer que sus hijos despierten al mundo que hay en el otro lado, el lado divino? La creación misma lleva su propia marca. Se puede conocer algo acerca del artesano por medio de sus artesanías. Las flores, las aves, el relámpago, el mar: todos ellos predican más elocuentemente que yo. Ustedes mismos me han escuchado predicar el mensaje de mi Padre valiéndome de ellos mismos. Así pues, el mundo de carne y hueso lleva en sí mismo el mundo del espíritu".

"Más allá de estas cosas, Dios envía sus profetas. A lo largo de la historia de Israel, los profetas han sido portadores de este mensaje. Le han pedido a la gente que busquen en lo más profundo de su alma, dónde es que el espíritu del pueblo encuentra la chispa del Espíritu de Dios".

Simón interrumpió: "¿Entonces lo terrenal se interpone en el camino del espíritu?".

"Puede hacerlo, pero no debe ser así y tampoco Dios decidió que fuera así", continuó Jesús. "La tierra y la carne se convierten en hermanas del espíritu. Recuerden que el mismo Juan utilizó el agua como instrumento del espíritu. Para él, el agua celebraba el punto de encuentro de la materia y el espíritu en la vida de quienes lo escuchaban. El riesgo al que te refieres, Simón, sucede solamente cuando la tierra y la carne absorben tanto a alguien que él o ella se olvidan o rechazan lo espiritual. Es como el día y la noche. No hay nada de malo en la noche. De hecho, la noche nos invita a la frescura y al descanso. Pero si el día también es noche, entonces la belleza y el potencial de los rayos del sol se pierde y la tierra –o el alma– se muere".

"Mi trabajo consiste en mostrarle el sol a la gente. En mi caso, casarme comprometería el tiempo y la energía que podría entregar a la misión que Dios me ha encomendado. Mi mente y mi corazón están totalmente dedicados a esta misión".

"Además de que eres un nómada", le dijo Tomás, riéndose de él. "Si tu esposa viajara contigo, tendría un esposo sin casa. Si se quedara en un lugar, tendría una casa sin esposo. Aun cuando estuvieras en casa, ¡te la pasarías orando encima de las rocas!".

Jesús también se carcajeó a pierna suelta con las puntadas de Tomás. No cabe duda, le encanta el sentido del humor que tiene Tomás. Además, por medio de sus chistes, Tomás nos lleva al grano. Estoy seguro de que muchas de las mujeres del grupo aceptarían gustosamente una propuesta matrimonial por parte de Jesús, ¡aunque después se darían cuenta lo difícil que es vivir casada con un predicador itinerante como él!

⚜ 27 ⚜

La tormenta

¡Qué bueno es estar entre amigos!

La gente sólo habló hoy de que Jesús había caminado sobre el lago. El rumor era que algunos de sus íntimos se habían marchado anteayer en el bote. Al parecer, Jesús caminó hacia ellos por encima del agua y regresó con ellos en el bote. Sin más demora, al momento en que Jesús tomó un descanso en su predicación, me acerqué a Andrés y le pregunté al respecto del incidente.

Andrés me dijo que el rumor era totalmente cierto y que Jesús les pidió que no hablaran de eso con nadie. De seguir así, un buen día acabaré en problemas con los íntimos de Jesús por andar pidiendo información que se supone es confidencial. Pero la verdad es que a ellos les encanta hablar al respecto y según creo, Jesús no se molesta por el hecho de que lo compartan conmigo. Dadas las dos conversaciones que hemos tenido en el pueblo, me da la impresión de que me tienen confianza.

"Ayer nos dirigíamos a Betsaida porque Jesús tenía planeado predicar ahí su mensaje. Nos pidió que tomáramos la delantera ya que él encontraría su propia manera de llegar allá. Entre la multitud hay mucha gente que tiene botes, así que no nos preocupamos sobre cómo llegaría a Betsaida y, sin más, comenzamos el viaje al caer la tarde. Había algo de viento como es normal, pero zarpamos seguros de que no tendríamos ningún problema en llegar. Sin embargo, nos sorprendió una tormenta que se cerró sobre nosotros y de repente el mar comenzó a agitarse y todo se volvió tempestuoso muy rápido. No podíamos avanzar contra él y la barca comenzó a llenarse de agua".

Viendo el semblante de Andrés mientras relata la historia, es muy fácil concluir cuán aterrados estaban a causa de la tormenta. Tuvo que haber sido una tormenta muy seria, porque si algo saben estos experimentados pescadores, es acerca del mar y de sus turbulencias, dado que han enfrentado muchas tormentas a lo largo de su vida.

"Habíamos estado navegando por más de una hora", continuó Andrés. "Nos estábamos cansando. De repente, Simón llamó nuestra atención hacia una figura que estaba sobre el agua. Al principio no estábamos seguros de lo que era, pero se asemejaba a una persona caminando hacia nosotros. Seguimos mirando fijamente mientras peleábamos contra la tempestad y nadie se atrevía a decir absolutamente nada. Finalmente, gritó Simón: ¡Es Jesús!'".

"¿Qué está haciendo ahí?", le pregunté. "Me acabas de decir que se había quedado en la orilla del lago cuando ustedes emprendieron su travesía".

"No sabemos. Nadie puede recordar dónde estaba exactamente al momento en que partimos. Pensé que se había retirado a algún lugar solitario para orar, como suele hacerlo al caer la tarde. A lo mejor se había ido a casa y regresaría al lago o simplemente se quedó junto al lago platicando con la gente. ¿Estaba ahí cuando te fuiste a comprar los avíos?".

"Estaba hablando con algunas personas", respondí. "Pensé en esperarlo para luego acompañarlo, pero reconsideré mi proceder y decidí irme a casa".

Sé que no es importante, pero me parece muy curioso que no le pregunten directamente a Jesús estas cosas. Posiblemente tienen miedo de convertirse en el blanco de alguna de sus lecciones y observaciones ingeniosas.

Andrés continuó: "Luego de algunos minutos supimos con certeza que era él. No dijo nada mientras se acercaba. Seguramente era chistoso vernos así: todos en el mismo lado del bote, con nuestras bocas abiertas y los ojos saltados, mientras que el viento continuaba azotando la barca. Jesús caminaba por entre el agua tempestuosa como si fuera un alpinista que escala un picacho rocoso. No nos estaba viendo y, por un momento, pareció que pasaba de largo. Simón le gritó: '¡Jesús!' Nos miró como si lo hubiéramos interrumpido mientras realizaba una tarea y nos tranquilizó con un simple '¡Hola!'. Con algo de esfuerzo se dirigió a la barca y lo ayudamos a subir. Estaba empapado. Nadie sabía qué decir. Fue Simón quien en medio del viento gritó: '¡Esto se ve muy mal; me temo que perderemos el bote!'. ¿No te parece gracioso ese Simón? ¡Jesús acaba de caminar sobre el agua y él apurado por su bote!".

"¿Qué dijo Jesús?".

"Nada podría explicar lo que acababa de pasar. Jesús dijo: '¡Qué bueno es estar entre amigos!'. Habló como si la gente estuviera dando un tranquilo paseo en el mar. Después se sentó, hizo un gesto y la tormenta cesó. El viento tormentoso se volvió una suave brisa y las olas cesaron. Estábamos tan cansados que decidimos regresarnos. Fue así que terminamos el viaje con facilidad".

"¿Qué piensas al respecto?".

"Algunas veces creo comprenderlo del todo", dijo Andrés. "Sin embargo, hay otras en que me doy cuenta de que no conozco nada acerca de él. Aun así, estoy muy agradecido con él de que hubiera caminado sobre el agua. ¡Si no lo hubiera hecho, ya estaríamos muertos! A pesar de todo, nadie sabe el significado de lo ocurrido".

"¿Crees que se vale de este tipo de milagros para probarnos que su mensaje en verdad proviene del Señor?".

Encogió sus hombros y respondió: "Eso no tiene sentido cuando lo ves peleando para que la gente no lo identifique como un mago o un curandero. Él quiere que la gente acepte su mensaje por el valor que éste tiene en sí mismo y no movida por la intimidación o por los signos y maravillas que realiza".

"Estoy de acuerdo. Aun así, hay ocasiones en que parece que trabajara contra sí mismo. Primero hace todas estas maravillas y luego le pide a la gente que no se lo diga a nadie".

"¡Tienes razón! Parece que dentro de él hubiera una alarma interna. Primero hace las cosas y después parece decir: '¡Ay caramba! No era eso lo que quería'. Probablemente eso sucedió anoche. Pudo ser que haya decidido caminar en medio de la tormenta y sin querer se encontró con nosotros. O quizá estaba preocupado y andaba buscándonos. Y sí, tienes razón. Nos dijo que no lo comentáramos con nadie".

"Debes considerar", añadí, "que posiblemente todo lo que hace tiene un plan. Es obvio que no quiera manifestar su poder sobre la naturaleza frente a las multitudes, debido al espectáculo que esto causaría. Sin embargo, quiere que la gente cercana él entienda que tiene ese poder".

Andrés asintió. Entones me vino un pensamiento a la mente, poco agradable, por cierto, pero aun así decidí manifestarlo.

"Sobre todo si espera ser encarcelado... o asesinado... Quiere que ustedes y los demás estén seguros de cuál es su misión para que no duden acerca de él cuando llegue el momento".

"Quizá tengas razón. Yo mismo he pensado mucho en eso, pero no me imagino a alguno de nosotros tomando su lugar, sea como predicador o como hacedor de milagros. Bueno… es cierto que Simón y Santiago pueden hablar sin ningún problema frente a las multitudes. Pero eso de las curaciones, exorcismos y demás milagros…".

"Digámoslo así", prosiguió Andrés. "Hace un año o más no tenía una preocupación especial por las cosas de Dios. Sin embargo, debo confesar que, desde que conocí a Jesús, mi vida se consume en Dios, en el Padre con quien Jesús habla con tanto cariño y familiaridad. Y, aunque no me veo a mí mismo con los talentos o la comisión de hablar en nombre de él, tengo el entusiasmo necesario para compartirlo con los demás".

Yo también sé exactamente a lo que Andrés se refiere. "¿Qué harías en caso de que él muriera?", pregunté.

"He decidido no lidiar con esa cuestión. Mientras Jesús esté vivo, me parece bien que sigamos como hasta ahora. Si la situación cambiase, no sabría cómo manejarla". Me miró sonriendo y agregó: "¡Cobarde! ¿No crees?".

"Todos nosotros", respondí.

❧28❧

Guerra

Si tuvieran presente que su enemigo también
es hijo de Dios, entonces pensarían dos veces
antes de tomar la justicia por su propia mano.

E sta vez fue un hombre alto y musculoso, posiblemente un soldado romano, quien desafió a Jesús mientras estábamos junto al lago. No traía espada, lanza o casco que lo identificara; aun así, su forma de hablar y modo de proceder sugerían que no era del área de Cafarnaúm.

"Maestro", dijo, "le has dicho a esta gente que deben ser artífices de la paz y que si alguien les pide su abrigo también deberán darle su camisa, y que caminen con él dos kilómetros si les pide que caminen sólo uno. ¿Qué les dirías a la gente si ese alguien, en lugar de pedir un abrigo, les solicita que toman la espada para derrocar lo que él considera un sistema injusto y opresivo?".

Era claro que la intención de la pregunta era poner a Jesús en dificultades. De inmediato me pregunté si aquel hombre corpulento había sido enviado por las autoridades con el fin de poner una trampa a Jesús o por lo menos para poner en entredicho su mensaje.

Firmemente Jesús respondió: "La Escritura dice que hay un tiempo para la guerra y uno para la paz. Hay un momento para tomar la espada y uno para deponerla. El hombre sabio es el que sabe diferenciar cada uno de estos tiempos. Sabes que desde el tiempo de Caín y Abel, los hombres han peleado entre sí por falsos motivos, injusticias imaginarias y causas que no ameritan el precio de la sangre".

Un hombre flaco, alto y de barba bien arreglada surgió de entre la multitud y gritó al soldado enérgicamente, haciéndose oír por Jesús: "Pero ustedes son unos extranjeros que han invadido y tomado nuestra tierra. ¡Seguramente eso merece una respuesta para derrocar tal injusticia!".

Con el mismo tono y a grito abierto, el romano le respondió: "¡Si no fuera por el poder de Roma, aquí reinaría la anarquía! Es Roma la que les provee la paz. Es Roma la que les provee caminos, agua y protección. Fue Roma, inclusive, la que les construyó su precioso templo en Jerusalén".

"¡Lárguense a Roma y envíennos la factura por el templo!", gritó el hombre flaco en tono desafiante. "Se los pagaríamos fácilmente sólo con el dinero que nos quitan con sus impuestos".

Un murmullo corrió entre la multitud. No teníamos idea sobre el rango del oficial romano o a quién estaba representando. Así que me pareció muy tonto atacar públicamente a Roma de esa manera.

Miré a Jesús, tenía una sonrisa en su semblante.

"*Tú* no creaste esta situación", dijo, dirigiéndose al soldado romano: "Asimismo, *tú* no puedes hacer que desaparezca", continuó, refiriéndose ahora al galileo que había protestado.

La palabra "paz" tiene un sonido atractivo. Pero si el precio es perdonar las ofensas del pasado, no tengo la menor duda de que dicho concepto nos parecerá muy elusivo.

Jesús habló de nuevo. "Dios quiere que sus hijos –todos sus hijos e hijas– sean libres. Pero con frecuencia la ambición o los intereses políticos hacen que los poderosos esclavicen a las personas. Ante Dios, seguramente llegará un día en que esos pueblos puedan arreglar sus cuentas".

"Mientras tanto, piensen en esto. Ustedes protegen sus posesiones como si fueran realmente suyas. Dicen: 'Esta es mi tierra' mientras que Dios se carcajea. Él les pregunta: ¿Acaso tú la creaste? ¿Plantaste en ella sus riquezas? ¿Fuiste tú quien envió sobre ella la lluvia? Y a pesar de eso, cuando alguien la invade te sientes justificado para defenderla con las armas. Es entonces cuando Dios llora. Moisés les permitió que vengaran ojo por ojo y diente por diente. Pero ustedes no han parado ahí.

Se sienten obligados a devolver las ofensas con intereses altísimos. ¡Toman venganza de la pérdida de un ojo o un diente cortando toda la cabeza!".

"Que alguien les inflija una injuria o cometa una injusticia contra ustedes, ¿eso les da derecho de castigarlos como si ustedes fueran el mismo Dios? Si tuvieran presente que su enemigo también es hijo de Dios, entonces pensarían dos veces antes de tomar la justicia por su propia mano. Ustedes proclaman abiertamente que son hijos de Dios, pero se comportan como si fueran sus ángeles vengadores".

A este punto la multitud estaba sumida en un vergonzante silencio, incluyendo el romano y el galileo que estaban discutiendo.

Jesús volvió su mirada al romano que había hecho la pregunta inicial. "Amigo, no tengo ninguna disputa respecto a un soldado o un gobierno que hace lo necesario para mantener la paz. El servicio que ustedes realizan debe darse con respeto y con sus propias restricciones. Las guerras e insurrecciones diseñadas con el fin de medir o expandir

el poder son malas. Las guerras e insurrecciones
diseñadas para vengar un mal real o imaginario son
malas. La armonía que Dios quiso darnos desde el
principio se ha roto debido a la avaricia, ambición y
orgullo de los pecadores. Y dime una cosa, ¿quién
entre ustedes está libre de culpa? ¿Quién entre
ustedes no ha golpeado a alguien movido por su
coraje, engañado o antepuesto sus propios intereses
por encima del buen juicio y de lo que es justo?".

Elevó los brazos al cielo para enfatizar lo que a
continuación diría: "Y las *naciones* sufren los mismos males que los individuos. Abrazan metas o causas que responden a su interés propio y, si pueden,
imponen su voluntad sobre las demás naciones".

Pude ver la ira que tenía el galileo contra el
soldado romano. Era obvio que estaba listo para
insultar y culpar al Imperio Romano, pero dudo
que estuviera listo para hacerse responsable del
conflicto que generaría.

Después, Jesús se volvió a nosotros y añadió:
"De edad en edad, Dios ha hecho surgir profetas
y reyes para restablecer la identidad o la seguridad

de su pueblo. Pero, ¿quién de entre ustedes ha sido ungido para tomar sobre sí esa responsabilidad? ¿A quién de ustedes se le ha dado autoridad para generar viudas y huérfanos amparados en una causa de ustedes consideran justa?".

"¿Estás diciendo que debemos esperar a que Dios intervenga?", le preguntó el galileo. "Entonces, ¿cuánto debemos esperar para que Dios nos envíe un nuevo rey que nos libere de Roma?".

Jesús miró a aquel hombre con serenidad. "¿Y qué si Dios está más interesado en que experimentemos la libertad en nuestro propio corazón? ¿Y qué si lo que Dios quiere no es poner a una nación contra la otra, sino más bien, establecer un vínculo entre las naciones para así formar una sola familia bajo su amor y cuidado?".

Luego de ver la reacción de los ahí presentes, puedo asegurar que aquella idea resultaba muy difícil de asimilar. Siempre hemos sido la nación de Israel, cimentada en el Dios de nuestros Padres. ¿Acaso Jesús desmantelaría su propia nación? ¿Qué es lo que realmente nos quiso decir?".

"Recuerda esto", dijo Jesús, a manera de conclusión. "Sé que en tiempos pasados Dios levantó su mano para liberar a su pueblo de la opresión de los egipcios y los babilonios. Sin embargo, ¿acaso crees que durante todos esos años de cautividad su amor no siguió abrazando la vida de cada una de sus criaturas?".

Después de esto, observé cómo el soldado que había confrontado a Jesús se retiró sin añadir una sola palabra. Cualquier persona que hubiera estado buscando en la predicación de Jesús una traición a la patria, habría quedado decepcionada.

Creo que había más personas que se habían decepcionado de Jesús. Esperábamos que Jesús sería el libertador tan esperado. Posiblemente lo sea, pero no nos liberará de la manera que lo imaginamos. Aun así, Jesús me llena de una gran esperanza, y al mismo tiempo desvanece otras esperanzas que había alimentado.

29

Confrontación

¿Acaso Dios está obligado a hablar
solamente acompañado del trueno y el
relámpago, al igual que lo hizo en el
monte Sinaí?

E sta mañana aparecieron los líderes religiosos junto al lago para desafiar a Jesús. Había cuatro de ellos; posiblemente se sienten más seguros si van en grupo. Jesús estaba hablando acerca de Dios como su Padre y como Padre nuestro a la vez. Fue entonces cuando lo interrumpieron.

"¡Lo que ese hombre está diciendo es una blasfemia! No está hablando en sentido simbólico como cuando decimos que somos hijos de Abraham y, como resultado de esta filiación, somos los protegidos del señor. No. Él está hablando como si Dios fuera su padre biológico. ¡Estoy seguro de que todos ustedes ven lo absurdo de sus afirmaciones!".

Aunque estaban hablando a la multitud, en realidad se estaban dirigiendo a Jesús. La gente afinó aun más el nivel de su atención y esperaron a que Jesús respondiera.

"¿Minimizan ustedes la relación filial que hay entre Dios y sus hijos?", dijo Jesús. "Precisamente, estoy invitando a mis amigos a que entiendan eso. ¿Es que quieren hacer pedazos la apreciación que tienen respecto a la sacralidad de esta relación, presentándola como una exageración o un simple juego de palabras?".

"No estamos hablando de ellos. Estamos hablando de ti. Suenas como si fueras el mismísimo Hijo de Dios. Si eso es lo que estás afirmando, entonces estás blasfemando. Si no es eso lo que quieres decir, estás jugando con las palabras y por lo tanto, confundiendo a la gente".

"Entonces no me están entendiendo", les reprochó Jesús. "Ustedes pretenden limitar a Dios. De veras que no tienen ni una lejana idea de cómo es Él. Es por eso que quieren ponerle límites. Ustedes creen saber lo que Dios puede y no puede hacer. Por lo tanto, si su hijo viene en forma de profeta, entonces dicen: 'Este no está de acuerdo con nuestra idea de Dios; por lo tanto, no viene de Dios'. Y si digo que yo soy el hijo de Dios, ustedes me acusarán de blasfemia aun cuando diga la verdad".

"¡Hay un sólo Dios!", dijo su portavoz. "Esto es lo que nos separa de los paganos. El Dios de Abraham es un Dios celoso que no tolera iguales o competidores".

"No estoy sugiriendo que haya más de un sólo Dios. Pero conozco a Dios de una manera que ustedes no lo conocen. No los culpo de ello. ¡Sólo estoy diciendo que no comprenden al Dios que adoran!".

"Nuestro Dios ha sido el Señor durante mucho tiempo —mucho antes de que tú mismo hubieras nacido—. Nuestra Ley, nuestro templo y nuestras tradiciones lo han encumbrado en nuestras vidas a lo largo de generaciones y generaciones. ¿Tienes idea de cuán arrogante es que, primero, minimices nuestras tradiciones, y que ahora con tus declaraciones intentes tomar el lugar de Dios?".

"Su Dios me ha enviado para que les hable acerca del verdadero culto que él quiere de ustedes. Dios quiere que su pueblo sea libre. Sé que tienen buenas intenciones. Pero el hecho es que han oprimido a sus hijos mediante cargas y reglas que no tienen propósito alguno".

"Nuestra ley la hemos recibido directamente de Moisés".

"Moisés los guió a la libertad. Les dio los Diez Mandamientos del Señor. De igual forma, Moisés creó reglas cuya intención era proteger el orden y la seguridad de un pueblo nómada y sin normas. Sin embargo, con el paso del tiempo, sus costumbres y reglas han emborronado en la mentalidad de la gente el hecho de que Dios los ama y cuida tiernamente de ellos".

"Nuestras reglas aún protegen el orden y la seguridad entre nuestra gente. El miedo que tenemos es que la gente que ansía el cambio abrace tu ya famosa 'libertad' y abandone la tradición que han heredado cambiándola por una vida desordenada y sin ley".

"Estoy edificando sobre esa herencia, no destruyéndola", dijo Jesús. "De hecho, estoy exigiendo más de lo que exigía Moisés. Veamos, díganme una cosa. ¿Qué es más fácil? ¿Ayunar o perdonar al enemigo?". "Hemos oído que tú perdonas los pecados", dijeron, intentando presionarlo. "El pecado, por definición, es una ofensa a Dios. Por lo tanto, ¿quién es el único que puede perdonar los pecados sino Dios mismo?". "Algo saben del pecado entonces, ¿eh?", respondió Jesús. "Si Dios da a su hijo el poder de perdonar los pecados, ¿quién puede decirle al hijo que no puede ejercer esta autoridad? Ustedes han encontrado formas de multiplicar los pecados y de echar cargas innecesarias encima de la conciencia de la gente que van más allá de lo que Moisés pidió de ellos. No obstante, además que hacen sentir a la gente que están alejados de Dios debido a la observancia de cosas mínimas, quieren también apagar la voz que proclama la misericordia, la compasión y el perdón divino".

En medio de los asistentes, una mujer se puso de pie y se dirigió al que discutía con Jesús: "Señor, he venido muchas veces aquí para escuchar a este hombre. Lo he visto expulsar demonios en dos ocasiones y también vi cómo sanó a un leproso. ¿Acaso eso no merece una escucha atenta? Si él le dice a alguien que sus pecados le quedan perdonados, me resulta muy fácil concluir que verdaderamente se le han perdonado sus pecados".

"Piensen en esto", dijo Jesús, retomando la conversación. "Vayan y mediten en lo que digo y hago. Después, pregúntense a sí mismos: Éstas palabras y obras, ¿vienen de Dios o de Satanás?". Si Dios decide enviar a su hijo para perdonar, sanar y predicar la buena nueva, ¿qué quiere decir con eso? ¿Acaso Dios está obligado a hablar solamente acompañado del trueno y el relámpago, al igual que lo hizo en el monte Sinaí? ¿Está Dios tan limitado o confinado?".

"Ustedes son rígidos y duros en sus convicciones religiosas. Hacen del amoroso Adonai un amo exigente que lleva cuenta de todo, ¡inclusive de las cosas más insignificantes! Lo lamento por ustedes porque la estrechez de su teología no les permite disfrutar de la relación amorosa que el Señor quiere mantener con ustedes. Pero lo que es peor es que imponen esa misma estrechez sobre los demás".

"Hemos estudiado la Ley y las Escrituras", dijo el portavoz. "Las respetamos y no las mezclamos con lo que nos gusta o disgusta".

"Cierto, se presentan ante la gente como expertos en lo relacionado a Dios", les respondió Jesús. "No discuto eso. ¿Por qué habría yo oponerme a que Dios sea objeto de la atención de los sabios y entendidos? Mi desacuerdo estriba en el hecho de que ustedes piensan que saben todo lo que hay que saber sobre Dios. Creen que estudiar a Dios, que es todo santidad, les da permiso para imponer nuevas cargas sobre la gente y juzgar su comportamiento. ¡Lo que ustedes quieren es controlar a la gente! Ustedes están convencidos de que les están haciendo un servicio al abrir para ellos las puertas que conducen a Dios. ¡Pero esas son puertas que ustedes mismos han construido y controlado! Son puertas que se cierran más fácilmente de lo que se abren. ¿Verdaderamente creen que Dios limita el acceso que sus hijos deben tener a él a un sólo y único camino, el que ustedes han construido? ¿No se dan cuenta de lo arrogantes que se ven cuando pretenden eso?".

"Las cargas que dices que imponemos a los demás vienen de Dios, no de nosotros", dijo nuevamente el portavoz. "Nos gustaría que pudieras ver eso. Desearíamos que replantearas tus criterios acerca de la importancia y la belleza de las tradiciones del pueblo al que tú mismo perteneces".

"Permítanme hacerles una invitación personal", prosiguió Jesús. "Mi Padre me ha enviado no solamente a traer su mensaje a esta gente, sino también a ustedes. Y sí, estoy muy molesto con su esfuerzo continuo por disputar y desafiar la validez de mis credenciales y la autoridad de mi mensaje.

Pero más que eso, me entristece el hecho de que no puedan abrir su mente y corazón a esta invitación que Dios les ofrece".

"¡Si tan sólo sus oídos escucharan!". Esta vez no habló en tono de regaño. Era más bien una súplica.

"Estás muy equivocado, Señor", dijo el mayor de ellos. "No le haces ninguna clase de bien a la religión. De hecho, ya sea que estés dispuesto a reconocerlo o no, te estás poniendo a ti mismo en riesgo". Y sin más, se marcharon.

Hoy me quedé de pie frente a Jesús, a un lado de Juan, para ser preciso. Cuando terminó aquella discusión y los hombres de la sinagoga se marcharon, Juan meneó su cabeza apesadumbrado. Entonces, miré a Jesús. Había lágrimas en sus ojos.

"Algunas veces me frustro con ellos", le dijo a Juan, indicando con su cabeza la dirección en que se marcharon. "No obstante, me siento más frustrado conmigo mismo por no encontrar la manera correcta de hablar con ellos. Son muy sinceros, y eso les dificulta aún más el superar las hondas y antiguas tradiciones en las que han crecido y aman desde que eran niños.

Pero Dios es mucho más grande de lo que creen. A los que se han dedicado más apasionadamente al conocimiento de Dios les resulta mucho más difícil escuchar su voz en una manera nueva".

También él movía su cabeza en desacuerdo.

No recuerdo haberlo visto tan triste en ningún otro momento.

❧30❧

Tradición

Mediten en lo que digo y hago.

Pude reconocer a los dos líderes religiosos que ayer estuvieron atacando a Jesús. De hecho, han sido clientes míos. Uno de ellos se llama Juan y el otro Daniel. Movido por un impulso y dado el hecho de que Jesús no iría al lago el día de hoy, cerré el taller temprano y me apresuré a buscarlos para hablar con ellos. Me dirigí primero a la sinagoga donde tuve la suerte de encontrarlos a los dos juntos.

"Vimos que ayer estabas en el lago escuchando a Jesús", dijo Daniel. "¿Eres uno de sus compañeros?". No parecía estar enojado, sino más bien, curioso.

"No", respondí. "Sin embargo, casi siempre voy al lago para escucharlo. Estoy muy impresionado con él. Pero, tengo mucha curiosidad respecto a ustedes. Comprendo que ustedes no quieran aceptar su mensaje. Lo que sí me tiene un tanto perplejo es por qué le dan tanta importancia, al punto que se apartan incluso de sus deberes sólo para ir a atacarlo".

"Es muy peligroso", respondió Juan. "Está apartando a gente muy buena y centrada, como tú, de las prácticas que nos unen como pueblo de Dios. Con su predicación destruye de un tajo las leyes que se han venido desarrollando meticulosamente para ayudarnos a permanecer fieles a la Ley de Moisés y a los profetas. Prácticamente las ridiculiza. ¿Acaso no ves el daño que esto puede causar a nuestra fe y tradiciones religiosas?".

"Las señala directamente sólo para decir que son leyes creadas por capricho y que por tal razón son una carga pesada". De antemano sabía que no podría convencerlos. Aún así, sólo quería entender su animosidad hacia este hombre que para mí era obviamente bueno y justo. "Jesús cree que las reglas de ustedes les impiden ver y escuchar al Padre celestial, quien nos dio la Ley y los profetas como un medio para encontrarlo y darle cuenta de nuestra vida".

"¿Es que no ves? Ha ido demasiado lejos", agregó Daniel. "La gente necesita disciplinarse respecto a la forma de dar culto a Dios, y sólo Dios puede cambiar eso y nadie más. Una vez que empiezas a sacar una piedra de aquí y otra de allá, lograrás que en muy poco tiempo se derrumbe todo el edificio".

"Ha llegado hasta el punto", agregó Daniel, "de verse a sí mismo como si fuera Dios. Posiblemente ayer fuimos demasiado directos y descorteses. Tú, en cambio, quizá estás muy cercano a él y lo quieres mucho como para ver estas cosas. Pero si intentas ser objetivo, tienes que admitir que habla y actúa como si fuera físicamente el hijo de Dios y no sólo otro hijo de Abraham".

"Ninguno de nosotros conoce a Dios excepto por lo que Dios nos ha manifestado de sí mismo y lo que hay en nuestro corazón", repliqué. "No pretendo entender todo, pero creo y acepto el mensaje de Jesús. Con mis propios ojos ví cómo le restauró la vista a un ciego de nacimiento. ¡Estoy seguro que Dios no le daría ese tipo de apoyo a un mentiroso! Él mismo lo dijo ayer ante ustedes: 'Mediten en lo que digo y hago'".

"La vida está llena de misterios", dijo Juan. Ni por un momento dudo que hayas visto lo que viste, y yo mismo no podría explicarlo. Pero el hecho de que Dios tenga un hijo humano me suena muy pagano y sería mucho más difícil para mí aceptar tal cosa que el más famoso de sus milagros".

"Francamente hablando, amigo", agregó Daniel, "no creo que esto dure mucho tiempo. Y estoy seguro de que no querrás oír esto, pero en su predicación y modo de proceder hay implicaciones políticas. Hemos escuchado que los poderosos e influyentes de Jerusalén están muy nerviosos respecto a Jesús. Si la gente comienza a verlo como un mesías y existe el riesgo de que se congreguen en torno a él como si fuera el nuevo rey David, entonces las autoridades harán lo que tengan que hacer con tal de detenerlo".

"¿Planean arrestarlo y matarlo?", dije, tratando de encubrir el pánico que sentí ante aquella noticia.

"No tenemos detalles respecto a los planes", dijo Juan. "Tampoco tenemos información de primera mano. Aun así, hemos escuchado rumores que son fácil de creer porque sabemos cómo piensa esta gente".

"Y de seguro has notado que conforme pasa el tiempo, Jesús es cada vez más imprudente y amenazante", dijo Daniel. "Quizá sería bueno que pusieras algo de distancia entre tú y él".

"Esperamos haberle hecho un favor al hacerle ver que se ha pasado de la raya", dijo Juan. "Pero ya te has dado cuenta; tú mismo estuviste ahí. No tiene la menor intención de retractarse de nada de lo que ha dicho y hecho".

Tampoco yo lo haré. Nunca me sentí tan a tono con Dios como lo he experimentado desde que me llevo con Jesús. Y como él lo ha dicho, debemos juzgar a la gente por sus frutos.

Jerusalén

❧31❧

La posada en Sicar

El lugar en el que demos culto a Dios no es lo más importante.

Me encuentro en peregrinación hacia Jerusalén para celebrar la fiesta y me he detenido en Sicar, en la región de Samaria, para pasar aquí la noche. Me quedé sorprendido debido a una conversación muy interesante en la que me involucré esta misma noche. Soy judío, proveniente de Galilea, así que no esperaba mucha hospitalidad en un lugar como éste. Los samaritanos son muy conocidos por no llevársela bien con los judíos. Aun así, cuando le dije al posadero que iba tras los pasos de un predicador de Cafarnaúm de nombre Jesús, se le iluminó el rostro y se interesó muchísimo en la persona de Jesús.

"Ese Jesús del que hablas pasó por aquí a principios de semana y mi esposa quedó muy impresionada con él", agregó. "¡Debes hablar con ella!".

Resultó ser una mujer majestuosa, alta, morena y vivaz. Se asomó para saludarnos brevemente y sin más se presentó a sí misma como Lía. Me preguntó acerca de mi relación con Jesús y me dijo que tenía mucho trabajo en la cocina. Me hizo prometerle que no dejaría la posada antes de que tuviéramos la oportunidad de hablar. Así que acaricié mi copa de vino y esperé pacientemente mientras atendía al ajetreo de la gente y escuchaba las conversaciones a mi alrededor. Había muchos judíos en la posada que, como yo, se dirigían a Jerusalén para la fiesta.

Una vez que disminuyó la cantidad de gente, se acercó a mí la esposa del posadero, acompañada de otra mujer a la que había visto atendiendo las mesas. Lía me la presentó como Rebeca. Era de estatura pequeña pero de complexión robusta, y creo que era unos cinco o diez años mayor que Lía. Ambas se sentaron conmigo en la mesa, obviamente, ansiosas por hablar de Jesús.

Les comenté que tenía un taller en Cafarnaúm, que Jesús había estado predicando ahí y que casi siempre iba a escucharlo. "Me he encariñado mucho con su mensaje y más aun con su persona misma. Ha llegado al punto de que me reconoce entre la gente. De hecho, me llama "Chanclas". Además, en algunas ocasiones he tenido el privilegio de hablar con él a solas. En una ocasión leyó lo que había en mi mente, algo que yo mismo no había discutido absolutamente con nadie. ¡Me dejó atónito! Para entonces, me di cuenta de la facilidad con la que estaba compartiendo muchas cosas acerca de mi propia vida aun con personas extrañas. No obstante, me sentía tan lleno de Jesús, que el hecho de hablar con alguien acerca de él, especialmente con aquellas mujeres que escuchaban atentamente cada palabra que decía, significaba para mí un verdadero descanso. Finalmente les pregunté: "Y ustedes díganme, ¿cómo es que conocen a Jesús?".

"Vino aquí a principios de esta semana", dijo Lía. "Tenemos una amiga, Sara, quien se encontró con él en el Pozo de Jacob y de alguna manera se pusieron a platicar y discutir sobre algunas cosas. Después, él comenzó a decirle cosas de su vida personal. Se quedó tan impresionada que le hizo prometer que no se marcharía sino hasta que ella trajera a sus amigas. Rebeca, algunas otras y yo volvimos con ella y nos quedamos muy impresionadas con lo que nos dijo".

En ese momento Rebeca interrumpió: "Aquí hay algunas de nosotras que pensamos que él es el Mesías. Pensamos eso no sólo por el hecho de que sabía cosas acerca de la vida de Sara que nadie tenía posibilidad de saber si no fuera por medio de Dios, sino también por las cosas maravillosas que nos estuvo enseñando".

"No queríamos que dejara de hablar", dijo Lía. "Así que lo convencimos de que se quedara un día más con nosotros. Encontramos una verdad muy profunda en todo que dice".

Rebeca me miró atentamente y se sintió en confianza para decir más cosas acerca de Jesús. "Al igual que tú, también estamos esperando al mesías y este hombre nos ha impresionado como si él lo fuera. Pero ahora no estamos seguras respecto a lo que debemos hacer. Además de seguir su mensaje para ser mejores personas, sólo sabemos que hay que esperar".

Lía habló de nuevo: "No te ofendas por lo que te voy a decir, pero siempre hemos resentido la arrogancia judía de creer que ustedes tienen toda la verdad. Lo confrontamos con eso y se rió de nosotros. Sin más nos dijo: 'En un mundo pagano de muchas deidades, Dios eligió a los judíos como si fueran su primogénito. Y por tal razón los ama a ellos de manera especial. Pero aun así, no deben jactarse mucho de ello. Toda su historia está marcada por haber roto la lealtad a su Señor y en consecuencia Dios los ha invitado una y otra vez a la conversión por medio de sus profetas'. Y añadió: 'En este aspecto, ellos pueden ser su primogénito, pero un primogénito bastante problemático'".

"Crecí sintiéndome muy orgulloso de mi herencia judía", le dije a Lía. "Pero puedo entender el fastidio de Jesús, al menos con los líderes religiosos. ¡Discute con ellos muy seguido!".

Lía asintió con la cabeza y continuó: "Nos dijo que la fidelidad de Dios hacia los judíos permanecía inamovible. Le pregunté dónde quedábamos los samaritanos. Y dijo, 'Abraham, Isaac y Jacob también son padres de ustedes, y más aún, también ustedes son la progenie de Dios y son amados por el Señor, cuya ternura y afecto no se extingue el amor que le tiene a su primogénito'".

En ese momento comencé a darme cuenta de una manera vívida y distinta de lo que en realidad significa seguir a Jesús. Significa que debo mirar a estas mujeres, a sus familias y su comunidad de una manera distinta y que además, debo abrazarlos como si fueran mi propio pueblo. Pensé en eso, por lo menos en mi mente, y estuve de acuerdo con lo que Jesús había dicho respecto a que Dios nos amaba a todos por igual. Pero mientras hablaba con Lía y Rebeca, podía sentir cómo iba reaccionando a lo que me contaban acerca de Jesús –tal reacción provenía de lo más profundo de mi ser, de un lugar que no podía ubicar con mi propia mente–. Durante toda mi vida había creado y alimentado cierta sospecha en contra de esta gente, y no podía borrar de un plumazo aquellos sentimientos. Esto es precisamente lo que Jesús quiso decir cuando mencionó que debíamos convertir nuestro corazón. Me estaba resultando mucho más difícil aceptar el verdadero desafío de Jesús, que lo que me costaba aceptar sus palabras. No dije nada al respecto y mientras seguía escuchando la conversación me di cuenta de que no había cumplido el mandato que Jesús nos había hecho de amar por igual a todos los hijos e hijas de Dios.

"Una de las mujeres que estaban con nosotras le recordó que aquí teníamos un templo", dijo Rebeca. "Pero éste se destruyó, mientras que el de Jerusalén aún está en pie. Ella le preguntó si Dios quería decirnos algo por medio de eso. Jesús nos explicó que Dios quería, necesitaba, que los judíos tuvieran un templo en medio de ellos, pero que esto se debía a su veleidad. Necesitaba una estructura, un símbolo que les recordara diariamente su presencia en medio de ellos y la responsabilidad que tenían respecto al cumplimiento de su ley".

"¿El templo es una concesión debida a nuestra veleidad?", respondí en tono defensivo. "¿Eso dijo Jesús?". El sólo pensarlo me dejó sin palabras. "¡Nuestro templo es más que un centro de adoración; es el alma de nuestra identidad!".

Rebeca no respondió a mi indignación: "Dijo algo acerca de eso. Parecía muy preocupado ante el hecho de que el templo de Jerusalén funcionaba más como un centro de reuniones políticas que como una casa de oración y celebración. Y le preguntamos: '¿Qué hay respecto a nuestro templo? ¿Por qué razón Dios lo quitó de entre nosotros?' Jesús dijo que el orgullo humano, así como el miedo y el odio llevan a la gente a hacer cosas destructivas que tienen consecuencias negativas. Fue debido a esas cosas que nuestro templo se destruyó, mas no porque Dios estuviera enojado con nosotros. El hecho de que nuestro templo aun estuviera en pie y el de ustedes no, de ninguna manera significa que los judíos sean más buenos que nosotros, dijo. Recuerdo muy bien que sonrió cuando dijo: 'Aunque a ellos les encantaría que así fuera'. Pero cuando siguió hablando, la sonrisa desapareció de su rostro. Después, con un tono de tristeza, añadió: 'El día viene, y no está muy lejos, en que este templo será también destruido y por las mismas razones'".

"¿En verdad dijo eso?", me escuché a mi mismo, preguntando con un tono asustado. La mujer asintió con la cabeza. Me quedé estupefacto.

Sin más demora, pregunté: "¿Dijo algo respecto a que si son ustedes o nosotros quienes tienen la verdad?".

Esta vez fue Lía quien respondió. "No tomó partido alguno. Dijo que la bondad de la persona se percibe en el comportamiento más que en los credos y códigos. Dijo también que se daba una anarquía espiritual si no existe la convicción de que Dios nos hará responsables de nuestras acciones. Cree que los romanos son un ejemplo de esto. Dijo que tenían el hábito de creer como vivían, en lugar de vivir como creían.

"Aun así, fue muy claro al señalar", interrumpió Rebeca, "que hay muchos romanos que son justos. 'Dios lo reconoce así como lo hizo con Lot. Pero, dijo Jesús, 'la cultura se mima a sí misma y crea deidades como resultado de sus propios vicios. Por eso es que Dios es un Dios celoso. ¿Cómo es posible que no sea una ofensa contra Dios el que hayan puesto de lado su santidad y la hayan suplantado dando culto a un dios inventado que tolera y, peor aun, que exige libertinaje en lugar de adoración?'".

Y continuó diciendo: "Nos dijo también que, incluso en este tiempo, el lugar en el que demos culto a Dios no es lo más importante, puesto que no es esto lo que distingue a sus hijos que se portan bien de los que se portan mal. Al contrario, es el compromiso con la honestidad, el cuidado por los demás y la generosidad lo que servirá como incienso que lleve hasta Dios nuestra oración".

Añadí que todo lo que me contaban coincidía con su mensaje y modo de proceder. "¡Es impresionante!, ¿no es así?". ¡Habla nuevamente el apóstol de lo obvio! Pero en realidad, mi cabeza aún daba vueltas una y otra vez. Aún seguía lidiando con la idea de que los samaritanos, antes enemigos, ahora fueran amigos, y también con la perspectiva de que nuestro templo fuera destruido.

Dijo Lía: "Quedamos muy impresionadas con él. De hecho, le dijimos a nuestra amiga Sara que el solo hecho de oírlo hablar y escuchar atentamente lo que dice, es suficiente para convencernos de que en verdad éste es mensaje divino y que él es el profeta de Dios".

"Nos gustaría poder acompañarte a Jerusalén", dijo Rebeca. "Si éste es el Mesías de Dios, entonces quizá en esta fiesta y en esta estación se revelará a sí mismo y será reconocido. ¡Sería un gran privilegio ser testigo de ello!".

"Tenemos miedo de que ésta sea verdaderamente una fiesta memorable para él y para nosotros", repliqué con ironía y sin dar explicación alguna.

Agradecimos nuestro compartir y nos deseamos buenas noches.

❦32❧

El templo

*¡Lárguense a la calle con su negocio! ¡Esta es
la casa de mi padre!*

He venido otras veces a Judea para parti-
cipar en la celebración de la Pascua. Aun
así, admito que en esta ocasión no estoy
aquí tanto por la Pascua, sino más bien por estar
cerca de Jesús durante estos días. Una y otra vez ha
dicho que teme por su seguridad. Pero en caso de
que lo arrestaran, ¿de qué serviría que yo estuviera
aquí? No obstante, quiero estar cerca de él.

Mientras venía de camino me detuve en Betania
para saludar a unos amigos de Jesús, María, Marta

y Lázaro. Me recibieron muy bien por ser amigo de Jesús. Hablamos acerca de él, y de paso me invitaron a que me quedara con ellos mientras estaba de visita en la ciudad santa. Les compartí que tenía unos amigos en Jerusalén que me esperaban esa noche, pero que con gusto me quedaría con ellos al día siguiente. Dijeron que estaba bien y añadieron que probablemente Jesús también se quedaría con ellos durante la celebración de la Pascua.

Ya en la ciudad me dirigí a visitar el templo y me asustó darme cuenta que Jesús había estado ahí más temprano y que su proceder había causado una gran conmoción entre la gente. Al llegar ahí tuve la oportunidad de escuchar hablar en voz alta y animosa a dos cambistas que de ordinario están dentro del templo. Al acercarme más a ellos me fue difícil saber si estaban enojados por lo que había hecho Jesús, o si por el contrario, solamente estaban impresionados.

Por medio de su conversación, entendí claramente que Jesús había volcado las mesas de algunos de los cambistas y liberó algunos pichones que estaban en venta ahí para el sacrificio. Mientras lo hacía, dijeron estos hombres, les estaba gritando que habían convertido en un mercado la casa de su padre. "¡Lárguense a la calle con su negocio! ¡Ésta es la casa de mi padre!", citaron sus palabras. Al parecer todo sucedió muy rápido, de suerte que ni siquiera los encargados de la seguridad del templo tuvieron tiempo de intervenir.

"Por años hemos estado haciendo negocios en el templo", dijo uno de ellos. "¡Y está loco si piensa que dejaremos de hacerlo a raíz del berrinche que armó el día de hoy!".

Me envalentoné y caminé unos pasos hacia ellos. "¿Se refieren a Jesús el galileo?", les pregunté. Volvieron hacia mí para ver quién preguntaba. "Soy un zapatero de Cafarnaúm", les dije. Y añadí: "Lo he oído predicar y no creo que esté loco".

El hombre que había estado hablando me miró con ojos iracundos. Sentí la necesidad de decir aún más. "Jesús es impredecible. Sin embargo, tiene razón. El templo es un lugar de adoración". ¡La gente viene aquí a ofrecer sus sacrificios! Lo único que hacemos es facilitarles las cosas. En lugar de que cambien sus monedas romanas y compren sus pichones en alguna otra parte, lo hacen todo aquí mismo. ¡Es un servicio el que les hacemos!".

"Nuestro negocio es legítimo", añadió uno de sus colegas.

"¿Creen que Moisés o alguno de los profetas aprobaría el que ustedes hagan negocio en el templo?", les pregunté.

"Deja que los maestros se preocupen acerca de lo que pensarían los profetas. Este es mi trabajo y es así como mantengo a mi familia. Esta es la manera en que ayudo a la gente a cumplir sus responsabilidades religiosas. Ese galileo está loco y, además, no tiene ningún derecho de destruir nuestras mesas. Sería mejor para él que no volvamos a verlo".

"Yo… también lo he visto hacer milagros", dije, sintiendo cómo se me enrojecía el semblante bajo sus miradas. "He estudiado las Escrituras por muchos años y he venido observando a Jesús durante algún tiempo. Durante este tiempo he visto que es muy sabio al menos en cuanto a que pondera lo que dice".

Uno de los presentes se adelantó hacia mí. "¿Estás diciendo que eres uno de sus amigos?".

"Amigos y conocidos. Hemos hablado personalmente algunas ocasiones".

"Entonces, como su amigo cercano que eres, debes decirles que no se ayudó a sí mismo al volcar y destruir nuestras mesas de cambio. Somos gente de negocios, pero no somos los únicos que estamos molestos con él. Después de todo, aquí es Jerusalén y detrás de esos muros hay gente muy poderosa", dijo mientras apuntaba hacia el templo. "Y ellos no están contentos con el tal Jesús de Galilea. Es mejor que se cuide".

"¿Acaso los poderosos del templo piensan que Jesús está loco?", pregunté.

"Piensan que no hace más que dar problemas".

"¿Hay alguien aquí que lo considere como un profeta?".

Aquel hombre encogió sus hombros y dijo: "No me interesa quién sea. Lo único que sé es que echó a perder mi negocio, como si tuviera el derecho de juzgar mi manera de proceder".

Después, me volvieron la espalda. No les dije lo que tenía en mente: ni uno solo de los profetas ha sido bien aceptado entre el pueblo. La gente siempre se vuelve contra ellos cuando son cuestionados. No me pareció que lo que estuve a punto de decir sirviera de algo.

Mientras salía del templo tuve otra conversación con un comerciante de palomas que, al parecer, estaba menos irritado que mis anteriores interlocutores. Su nombre es Quarrellus. Su actitud respecto al incidente me pareció interesante. Admitió una doble pérdida en cuanto a dinero y negocio debido a las acciones de Jesús. Ya había escuchado hablar de él, y estaba contento de haberlo conocido el día de hoy, aunque hubiera sido una de sus víctimas.

"A pesar de lo que hizo, ese hombre tiene razón", dijo el comerciante. "Ciertamente me hizo pensar si debo o no regresar a este negocio. Desafortunadamente, esta temporada es muy buena y redituable para nosotros. Si no ofrezco este servicio, alguien más lo hará por mí, así pues, nada se logra con marcharme de aquí. No obstante, debo admitir que hay cosas más importantes que los negocios. Por hoy, me tomaré esta pérdida como el precio que tuve que pagar por esta lección contundente, dura y provocadora".

33

Tercera conversación

*Mi padre me ha preparado para enfrentar
lo peor mientras estoy en Jerusalén.*

Hoy regresé a Betania gracias a la invitación que me ofrecieron Lázaro y sus hermanas. Hacía muy poco rato que había llegado a la casa, y un momento después, llegó Jesús con muchos de sus íntimos. Le ofrecí a Lázaro y sus hermanas que me retiraría, para que así tuvieran más espacio, pero insistieron en que me quedara y que ya verían la forma de acomodar a los visitantes aquella noche. Así que me quedé y gracias a esto tuve la oportunidad de compartir una vez más con ellos. Simón me comentó lo que hicieron en Jerusalén. El punto central fue la entrada a Jerusalén: Jesús iba montado en un borrico mientras que sus seguidores colocaban hojas de palma y otras hierbas, creando una alfombra con ellas para darle bienvenida. Traté de imaginarlo mientras Simón lo describía, pero me resultaba una escena muy difícil de crear. ¡Cuánto desearía haber estado allí para verlo por mí mismo!

Después de compartir la cena, salí de la casa buscando pasar un momento a solas. Estuve ahí un buen rato, tratando de digerir lo que estaba pasando, y cuando menos lo esperaba, llegó Jesús y se sentó a mi lado.

"Me dijeron que entraste esta mañana a Jerusalén en una procesión", le dije.

Me respondió con sonrisa amplia.

"¡Ayer los cambistas y hoy la entrada procesional! No parece que quieras pasar desapercibido mientras estás en Jerusalén".

"Sólo estoy haciendo lo que debo hacer". La sonrisa se había desvanecido.

"Cuando me dijeron lo que había pasado con los cambistas supuse que habías sido tú". Y, sin más, le conté brevemente lo que había conversado con los mismos cambistas y con Quarrellus. "Pero lo que en verdad no puedo imaginar es que hayas entrado dirigiendo una procesión que más bien pareció un desfile".

"Quizá hayas notado que no controlo cada detalle de lo que sucede en torno a mí".

"Pero tú pediste que trajeran el borrico y entraste a la ciudad montado en él".

"Y me vi ridículo, al menos para cierta gente, esos a quienes les preocupa mi popularidad".

Tengo que pensar en eso. Y continuó.

"Los reyes conquistadores entran a la ciudad montando majestuosos caballos y acompañados de legiones de soldados vestidos con uniformes de gala. Entran con trompetas, tambores y estandartes, cubiertos de armaduras y escudos brillantes y dando órdenes. Por mi parte, entré a Jerusalén montado sobre un borrico, prestado, acompañado de un grupo de gente pobre y campesina que cantaban y aclamaban. Debe haber quedado claro para todos que este 'rey' no es una amenaza para ningún poder político, y mucho menos para Roma. Dudo mucho que hayan entendido el mensaje, pero de todas maneras quise mandárselos. En caso de que me arresten, será menos probable que incluyan en su redada a mis seguidores. Después de todo, sería muy tonto el interpretar el gozo y la celebración de quienes me acompañaron el día de hoy como una señal de insurrección".

"¿Todavía sigues pensando que te arrestarán mientras estás en Jerusalén?".

"Así lo espero. Mi Padre me ha preparado para enfrentar lo peor mientras estoy en Jerusalén".

"¿Por qué no te regresas a Cafarnaúm? Ahí la gente te quiere mucho. Estarás seguro entre amigos. Así podrás continuar predicando tu mensaje".

Jesús comenzó a disentir con la cabeza antes que terminara yo de hablar. "Chanclas, debo estar aquí; esa es la voluntad de mi Padre".

Luego de unos momentos en silencio, se puso de pie y me dio las buenas noches. No entró a la casa, sino que más bien se fue a la parte de atrás. Asumo que quería estar solo para orar.

34

La noche pascual

Estoy seguro de que me matarán.

Nuestros miedos se han cumplido. Jesús ha sido arrestado y es casi seguro que lo crucificarán.

Lázaro y sus hermanas me invitaron a celebrar la cena pascual en su casa, en compañía de otros amigos suyos. Jesús tendría la cena con sus íntimos en casa de un amigo de Jerusalén. Nuestra cena fue una celebración de gozo y oración que se vio ensombrecida por el miedo que teníamos respecto a las amenazas y peligros que pesaban sobre Jesús y que no se apartaban de nuestra mente.

Había pasado mucho rato después de la cena. Todos se habían ido a dormir y era yo el único que aún estaba de pie, cuando inesperadamente llegó Santiago. Estaba hecho un mar de llanto. Algunos de los que estaban dormidos se despertaron con el alboroto y pronto se unieron a nuestra conversación. Santiago nos dijo que Jesús había sido arrestado y que se lo había llevado un grupo de soldados. Había ido a orar al jardín de Getsemaní después de la cena y fue ahí donde lo apresaron. Santiago, Juan y Simón fueron los únicos que estaban con él en ese momento.

"¿Cómo los encontraron?", preguntó Lázaro.

"Fue nuestro propio Judas quien los llevó hasta donde estábamos. Después de la cena, Jesús nos había pedido a todos que oráramos y después dijo que se iría a orar a Getsemaní. Sin más, nos pidió a Simón, Juan y a mí que lo acompañáramos. Así que Judas sabía dónde nos encontrábamos". Su cuello y su rostro enrojecieron de coraje. "Después de todo este tiempo con nosotros… ¡Judas no es más que un verdadero traidor!".

Nos miró profundamente y su rostro reflejaba una mezcla de furia, miedo e incertidumbre. "Judas abrazó a Jesús y enseguida lo soltó para que así los soldados lo apresaran. Me invadió un horrible pánico al pensar que nos arrestarían a todos, pero sólo se llevaron a Jesús. No puedo creer que esté pasando esto", dijo, ahogándose en las palabras.

"Los seguimos", prosiguió Santiago una vez que recobró la compostura. "Nos mantuvimos a cierta distancia para no atraer su atención. Se lo llevaron a la casa del sumo sacerdote".

"Si no fuera porque la situación es tan espantosa, daría un poco de risa que hayan enviado soldados con la encomienda de buscar y arrestar a Jesús", dijo Lázaro. "¿Quiere decir entonces que está en la casa de Caifás?".

"Eso creo. Simón se quedó ahí para ver qué pasaba. Juan se fue a buscar a María, la madre de Jesús, dado que también ella se encuentra en Jerusalén. Por mi parte, decidí venir aquí pensando que encontraría a algunos de ustedes".

Preocupados y desconcertados ante los hechos, permanecimos callados durante largo rato.

Después, con una voz suave, hablando casi para sí mismo, Santiago comenzó a contarnos lo que había pasado en horas más tempranas de aquella noche.

Jesús había hecho los arreglos necesarios para celebrar la cena pascual con sus íntimos y algunas otras personas en la casa de uno de sus amigos que vivía al noroeste de la ciudad. Juntos celebraron los ritos que de ordinario acompañan esta cena. Sin embargo, Santiago dijo que había un tono sombrío en la voz de Jesús. Las rúbricas propias de la cena hacen a uno ponerse un poco serio, pero Santiago insistió en que había un sentido de muerte que todos podían sentir.

"Después de la segunda copa ceremonial", nos dijo Santiago, "Jesús se dirigió a nosotros de una forma más íntima. Nos habló sobre la necesidad de que hubiera discípulos que entendieran su mensaje y que estuvieran dispuestos a asumir la responsabilidad de compartirlo con otros, ya fuera en Palestina o más allá de sus fronteras. Enfatizó claramente que esto implicaría un arduo trabajo, sacrificio y oración".

"No ocultó los peligros y frustraciones que pudieran surgir con esta tarea. 'Estoy seguro de que me matarán', nos dijo, 'y harán lo mismo con ustedes. A los discípulos no puede irles mejor que al Maestro. Muy pronto los despreciarán, los rechazarán, los ridiculizarán y abusarán en cada forma habida y por haber. ¡Pensarán que al torturarlos y asesinarlos le están dando gloria a Dios! Pero sepan esto', dijo, 'que un nuevo Consolador, el Espíritu que mi Padre les enviará, estará siempre con ustedes. Sepan también que, aunque consigan apresarlos y asesinarlos, no podrán extinguir el fuego de la buena nueva de Dios'".

"Suena como si supiera que va a morir", dijo María.

"Así es", afirmó Santiago.

"Todos hemos escuchado las advertencias", dijo María. "Parece como si hubiera tenido una corazonada. El caso es que no quisimos escuchar o creer esa parte de su mensaje. Aun así, espero que estemos equivocados".

Prosiguió Santiago, "En la cena habló por mucho tiempo acerca del amor de Dios por nosotros. Este tema ya lo había tratado en sus predicaciones, pero nunca lo hizo tan tiernamente como esta noche. Nunca vaciló respecto a la confianza en el amor de su Padre. A decir verdad, era una confianza contagiosa. Aún cuando sentía un miedo de muerte, de alguna manera sentí que estaba estrechamente cogido de las manos de Dios. Dijo que Dios le pedía ser fiel durante esta tribulación. La describió como una fidelidad redentora que serviría de ejemplo para nosotros y por medio de nosotros para mucha más gente".

"Nos prometió que reclutaría a más testigos de entre sus enemigos y nos ayudaría a llevar la buena nueva a los gentiles. Nos dijo nuevamente que el Consolador nos recordará todo lo que él nos ha enseñado".

"¿Qué dijo acerca de Judas? Mejor aún, ¿qué le dijo a Judas?", pregunté a Santiago.

"Le dijo que tenía ante sí una gran elección. No supimos a qué se refería con eso. Después Jesús le habló a él por un momento. Le aseguró que lo amaba. Y lo mismo hizo con cada uno de nosotros".

"Después, al tomar la tercera copa ceremonial, partió el pan y lo distribuyó entre nosotros. Dijo, 'esto es mi cuerpo'. Después pasó la copa diciendo, 'esta es mi sangre'. Y nos pidió que hiciéramos lo mismo en memoria suya".

"¿En memoria suya?", dijo Lázaro. "¡De veras que espera morir!".

"¿Esto es mi cuerpo? ¿Esta es mi sangre? ¿Eso fue lo que dijo?", pregunté. "¿Qué quiso decir con eso?".

"Eso fue lo que dijo. Después nos pidió que lo hiciéramos en memoria suya".

Como judíos sabemos del significado de la sangre. Desde nuestros inicios como pueblo hemos hecho sacrificios sangrientos a Dios —lo mejor de nuestros corderos o nuestro ganado—. El derramamiento de sangre ha sido parte de nuestra alianza con Dios. Para nosotros la sangre es algo precioso y siempre tenemos

mucho cuidado respecto a ella. Más aun, jamás bebe-
ríamos sangre. Aun así, Jesús pasó su copa entre
nosotros, de la que todos bebimos y a la que llamó su
propia sangre. ¿Qué estaba haciendo?

"Al terminar", concluyó Santiago, "nos bendijo
y, sin más, nos marchamos. No vi que Judas saliera
con nosotros, pues para entonces ya se había marchado. Entonces Jesús nos pidió a Simón, a Juan y
a mí que lo acompañáramos a Getsemaní para que
oráramos con él. Fue precisamente ahí donde lo
apresaron". Santiago estaba perdido en sus propios
pensamientos cuando terminó su relato.

Por mi parte, quería estar solo y me fui a sentar
al frente de la casa. No recuerdo haber estado tan
triste como en aquella ocasión. Me sentí culpable.
No sabía qué podría haber hecho en caso de estar
ahí, pero de cualquier manera desearía haber hecho
tan siquiera algo. Sí, algo para cambiar de alguna
manera el curso de los acontecimientos.

Confieso que hay pavor en mi alma. ¿Vendrán
en busca de sus seguidores? No dejo de pensar
que también pueden apresar y ejecutar a Simón,

a Santiago y a Juan. Si es tanto el miedo que tienen respecto a Jesús que lo apresaron para matarlo, ¿hasta dónde llegarán con todo eso? He visto lo que sucede cuando los soldados reciben una orden: difícilmente se detienen ahí.

Yo mismo he estado muchas veces con Jesús, algunas veces a solas. ¿Acaso no peligra mi persona? Me temo que Judas compró su propia seguridad cuando los condujo a donde estaba Jesús, lejos de la muchedumbre.

Esta noche todos estábamos sobrecogidos por nuestros propios miedos, tanto por Jesús como por nosotros mismos. La gente sabía lo que Jesús había hecho por Lázaro cuando todos pensaban que estaba muerto. Creo que esto pone en riesgo la vida de Lázaro. ¿A dónde nos llevará todo esto? ¿Dónde terminará?

En medio de todo me he dado un poco de tiempo para escribir mis pensamientos y testimonios acerca de esto. Sin embargo, hay emociones en lo más profundo de mi corazón que no caben en mis palabras.

⚛35⚛

La ejecución

¡Dios mío! ¡Dios mío! ¡¿Por qué me das la espalda?!

Muy temprano en la mañana nos encaminamos de Betania a Jerusalén. Una vez en la ciudad vi a la mayoría de los que asistían a escucharlo junto a lago. ¿Quedará alguien en Cafarnaúm? Al parecer, los oficiales romanos no están buscando a nadie más aparte de Jesús, y eso da mucha libertad a sus seguidores para desplazarse de un lado a otro. Hacia media mañana nos dimos cuenta de que Poncio Pilato había declarado a Jesús reo de muerte y sentenció que lo crucificaran por andar incitando a la multitud. ¡Qué mentiroso! ¡No había escuchado algo más absurdo que eso! La ejecución tuvo lugar en el Gólgota. Me dirigí hasta allá y encontré un espacio a una distancia desde la cual pude observar lo que pasaba. Había tres crucificados; Jesús era el segundo, es decir, el que estaba en medio de ellos.

Al relatar esto difícilmente puedo expresar lo que siento. Especialmente visto desde esta distancia, podría jurar que esto no está sucediendo en realidad. No queda nada de aquel Jesús, seguro y dinámico en lo que estoy presenciando. Lo que veo es un hombre golpeado, despojado de sus vestidos, tratado como un criminal. Han rodeado su cabeza con un arbusto espinoso. Lo clavaron de la manera como solían hacerlo: con clavos atravesando sus muñecas y sus pies. Me costó mucho trabajo ver cómo lo elevaban hasta ponerlo en su lugar. Incluso en el lugar donde estaba se podía escuchar los ruidos que hacía: su dificultad para respirar y sus gemidos de dolor. Habían clavado un letrero en la parte superior de la cruz. No alcancé a leerlo desde tan lejos, pero me contaron que decía: "Jesús de Nazaret, rey de los judíos". Como si fuera cosa de risa, los soldados se burlaban de él. Puedo imaginar lo que los poderosos del Sanedrín estaban sintiendo.

Entre la muchedumbre había gente proveniente de Cafarnaúm y algunos de sus íntimos. Andrés y Leví estaban junto a mí. No dijimos una sola palabra, pero aun así, nos consolaba el hecho de no estar solos. Juan y algunas de las mujeres, incluyendo María, su madre, estaban muy cerca del lugar de la ejecución. Por mucho que hubiera querido seguirlos, no hubiera podido acercarme más a él. La crucifixión es algo brutal, pero no era sólo la sangre lo que me mantuvo lejos. No podía soportar el hecho de ver a mi Maestro morir de una manera tan vergonzosa. Jesús estaba muriendo, pero al mismo tiempo, también estaba muriendo una idea, un sueño, una esperanza. Entiendo eso ahora que miro al pasado desde esta perspectiva. En aquel momento sólo sabía que mis piernas no serían capaces de llevarme más cerca de la cima de aquel monte tan terrible.

Hacia el final pudimos escucharlo acusando al cielo en una voz sumamente fuerte para un hombre que estaba muriendo. "¡Dios mío! ¡Dios mío! ¡¿Por qué me das la espalda?!", gritó con claridad. Aquel grito sacudió la médula de mis huesos. No era yo el único cuya fe se había sacudido.

Su sufrimiento era tan grande que nos pareció que no fuera a morirse nunca. Durante la primera hora le pedí a su Padre que lo arrebatara de la cruz y que hiciera que todos lo reconocieran como su único Señor y que nos lo restaurara en ese preciso momento. Ahí mismo reviví las memorias de aquellos días hermosos junto al lago de Cafarnaúm, en la posada de Zenoff cuando se reía de nosotros o nos reprendía por algo. Sin embargo, al final terminé pidiéndole a Dios que muriera ya mismo para que no se prolongara su sufrimiento.

Hacia media tarde, los ejecutores aceleraron el proceso. Quebraron las piernas de los otros dos hombres y traspasaron el costado de Jesús. Estoy seguro de que para entonces ya estaba muerto. Cuando todo había pasado, vi que Juan se llevó consigo a María. Sentí una culpa tan profunda que me hizo acobardarme ante el deseo de unirme a ellos. Recordé entonces aquél día en que Juan y yo conocimos por primera vez a la madre de Jesús en la posada de Zenoff. Ella misma se había temido este final mucho antes de que nosotros lo imagináramos. Me pregunto también si esta cualidad les ayuda de alguna manera a aligerar su sufrimiento. Espero que sea una mujer de gran fe. Me pregunto cuán grande deberá ser su fe para que pueda mantenerse en pie de cara a todo esto que ha pasado.

Escuché que Juan se llevará a María para que viva en su casa, voluntad que Jesús expresó durante las últimas horas de su vida. De hecho, parece que esta gentil mujer, fuerte a la vez, ha estado apartándose de la periferia ministerial de Jesús y está cada vez más al centro de la comunidad formada por su Hijo. Aun a distancia puedo ver y sentir el gran respeto que tienen por ella los discípulos de Jesús. Aun así, es claro que su dolor es sumamente grande, pero de igual manera, es evidente que su fe en el cuidado de Dios es inconmovible.

Regresé a Betania. Muchos de los otros también se regresaron a la casa de Lázaro. Nadie tenía hambre. Hablamos y recordamos un poco los hechos del día. Todo nos parecía sumamente irreal. Algunos que llegaron más tarde dijeron que habían enterrado a Jesús en la tumba de un hombre llamado José, uno de sus amigos que vivían en Jerusalén.

Fue un José quien lo crió y le ayudo a crecer; fue otro José quien depositó su cuerpo en el vientre de la tierra.

❦36❧

El lamento de Simón

Dios elige la manera de construir su reino.

Ya es la fiesta del sábado y aun estamos conmocionados por los hechos. La tristeza y el sentido de pérdida van más allá de toda descripción. Nadie quiere hablar ni pensar en las horribles e interminables horas en que Jesús estuvo en la cruz.

La mayoría de nosotros hemos estado expresando nuestro coraje y dolor respecto a lo que le han hecho a Jesús. Algunas veces compartimos las experiencias personales que tuvimos con él. Por mi parte, les conté las conversaciones que tuvimos en la plaza de Cafarnaúm mientras estábamos sentados en la cerca de piedra. Otros hablaron de la manera en que lo conocieron y del impacto que tuvo en sus vidas. Al parecer, cada uno de los que estábamos en la casa había tenido la oportunidad, por lo menos en una ocasión, de pasar un momento a solas con Jesús. Hubo muchas historias conmovedoras y también supimos de algunos apodos que le dio a la gente que conoció, apodos de los cuales, por lo menos yo, jamás nos habíamos dado cuenta. Para todos tenía un sobrenombre. Jesús siempre tuvo un agudo sentido del humor, pese a la seriedad de la misión que Dios le había encomendado.

Simón había venido a acompañarnos y se estuvo con nosotros casi todo el día. Por difícil que parezca, permaneció casi en silencio. Marta había servido algo para cenar, pero sólo probamos un poco. En realidad, nadie tenía apetito.

Después de todo, salí de la casa para sentarme nuevamente en el lugar donde había conversado con Jesús por última vez. ¡Hacía sólo tres días de eso! Era una noche cálida de primavera. Las estrellas aún estaban ahí; me preguntaba por qué razón Dios, en su ira, no hacía que cayeran todas sobre nosotros. Jesús era una buena persona, un buen maestro y amigo y... ¿Qué? ¿Un profeta? ¿Es justo eso?

Simón salió un poco más tarde. Estoy seguro de que no esperaba encontrarme ahí pero descansó al saber que había alguien con quien podía hablar.

"¡Qué desilusión tan grande le habremos causado a Jesús!", dijo Simón mientras se sentaba a mi lado. "Contaba con nosotros y nosotros le fallamos".

"No te eches la culpa Simón", dije, tratando de consolarnos. "No había algo que pudieras hacer para detener todo esto. Él sabía que pasaría. Nos dijo que pasaría".

"No es sólo el hecho de que esté muerto. Es todo el asunto en sí. Contaba con nosotros y nosotros le fallamos".

"¿Qué más podrían haber hecho? Ustedes son discípulos fieles. Y en cuanto a mí, me resulta muy claro que él apreciaba la amistad de ustedes y su apoyo".

Me miró por un momento y luego se quedó mirando al suelo. El silencio era tan intenso que supe que no debía romperlo. Finalmente me dijo: "Probablemente no escuchaste lo que pasó en la casa del sumo sacerdote, ¿o sí?".

Lo miré fijamente, pero no dije nada.

"Había gente que iba y venía, y otras que sólo andaban ahí de curiosas", dijo. "Yo me seguía preguntando qué habría pasado con Jesús. La mayoría de ellos no sabía absolutamente nada. Sólo unos cuántos me dijeron que lo estaban interrogando. Dos o tres preguntaron si era de los que estaban con él".

Se detuvo y, al hacerlo, noté que su rostro había envejecido por lo menos unos diez años desde que lo había visto por última vez la semana pasada. Su pelo me parecía más gris. Sus músculos faciales estaban flojos y caídos. Había una enorme tristeza alrededor de sus ojos.

"Le dije a esta gente: 'No, para nada. Nunca lo he conocido en persona'".

No supe qué decir. Lo único que pude hacer fue mirar a Simón, que, a su vez, miraba fijamente hacia delante. Repentinamente, su hablar se tornó en un doloroso susurro. "Él sabía. Le dije que estaría con él sin importar absolutamente nada de lo que pasara. 'Sé que tus intenciones son nobles Roca. Pero cuando llegue el momento tu miedo te traicionará'".

"No estuve ahí", dije suavemente. "Pero sé lo que se siente cuando los soldados están a tu alrededor. El miedo puede hacer que hagas y digas cosas que...".

"¡No fueron los soldados! Al menos en ese momento no estaban ahí. Quienes preguntaron fue gente ordinaria, de la misma que entraba y salía". Y sin más, se llevó el rostro a sus manos y movió su cabeza.

"¿Dónde estaban los otros?", pregunté.

"No estoy seguro. Todos nos separamos en medio de la confusión".

"Santiago estuvo aquí. Según lo que escuché, nadie se quedó con Jesús".

"Lo sé. Debido a lo que dije e hice, mi pecado es el peor de todos. Pero todos lo decepcionamos.

Recuerdo la manera en que actuamos y cómo le discutimos cuando nos anunció lo que le sucedería. Por si fuera poco, intentamos convencerlo de que no viniera a Jerusalén. No lo entendimos. O quizá no quisimos entender".

Después me miró un tanto estupefacto. "¿Sabías que Santiago y Juan le pidieron que les concediera un lugar de honor en su reino?".

"¿Cuándo fue eso?".

"Uno de los días que estuvimos junto al lago. Aprovecharon un momento de descanso y pensaron que nadie los estaba escuchando. Pero yo mismo pude escucharlos. Le pidieron que, de ser posible, uno de ellos se sentara a su izquierda y el otro a su derecha cuando estuvieran en su reino".

"Pensaba que ese honor sería para ti", le dije.

Luego de sonreír un poco, dijo: "Yo también".

"¿Qué dijo Jesús?".

"No respondió a su pregunta. Dijo que eso dependía de su Padre. 'Dios elige la manera de construir su reino', dijo. ¿Acaso no ves que nunca entendimos su mensaje? ¡Que desilusión le habremos causado! ¡Él predicaba la humildad y el servicio mientras que nosotros buscábamos honores y poder!".

"Sus íntimos no lo entienden. Quien estaba a cargo de la economía lo traiciona. Los amigos de confianza quieren favores. Aun su Roca misma niega conocerlo. Si espera que seamos nosotros quienes llevemos adelante su trabajo, estoy seguro de que cometió un grave error al escoger sus amigos".

¿Qué puedo decir? ¿Acaso el Consolador que prometió encontrará la manera de mantener y extender su mensaje a pesar de las limitaciones de sus mensajeros?

"Jesús lavó nuestros pies antes de la cena pascual", dijo Simón mientas me miraba. Sus ojos reflejaban que reconocía en aquella acción una enseñanza sumamente impresionante. "Lo hizo como si fuera un sirviente. Yo estaba avergonzado de que lo hiciera".

"Pero él nos dijo que había sido enviado para servirnos, ¿no es así?".

"En efecto. Pero siempre pensé que sería de una manera diferente, semejante a la manera en que un rey sirve a su pueblo al hacerse cargo de él".

"Ahora recuerdo la primera vez que lo escuché hablar junto al lago. Dijo que debíamos enseñar mediante el ejemplo", dije.

"Después de habernos lavado los pies, nos dijo que debíamos amarnos unos a otros de la manera en que él nos ha amado".

Luego de esta conversación, Simón decidió partir y regresar al lugar donde habían tenido la cena pascual. Al parecer, la mayoría de los íntimos de Jesús habían regresado ahí para estar juntos unos días más. Tenían mucho de qué hablar y reflexionar para encontrarle un sentido a los acontecimientos recientes. Me han invitado a que me quede unos días más en esta casa y he aceptado la invitación. Me siento muy cansado como para regresar a casa. Aun no sé cuándo o cómo le haré para volver a Cafarnaúm y lidiar con mis propios recuerdos.

❈37❈

La tumba vacía

Debo hacer la voluntad de mi Padre.

El día de hoy estamos en un mar de confusión. Aún estamos tratando de digerir el hecho de que lo hayan ejecutado la semana anterior. Sin embargo, repentinamente han surgido algunas historias de que está vivo y que algunas de las mujeres que andaban con él lo han visto. De lo único que estoy seguro es que la tumba donde depositaron su cuerpo está vacía. El relato del oficial romano dice que los guardias que habían colocado en la tumba se quedaron dormidos y que sus seguidores robaron el cuerpo. Pero sus íntimos no saben nada al respecto y están igual de confundidos que nosotros.

Por supuesto que desearíamos que regresase. Echaré de menos aquellos días maravillosos cuando se sentaba a platicar con nosotros junto al lago o cuando predicaba de pie con un estilo dinámico e impresionante para las multitudes siempre crecientes. Echaré de menos ver sus maravillas y los rostros asombrados de las personas a quienes curaba. ¡Echaré de menos aun aquellos extraños exorcismos que nos dejaban sintiéndonos terriblemente cansados.

¡Cómo desearía que Jesús no hubiera venido a Jerusalén! Se lo advirtieron. Él mismo sabía que era peligroso. Pero en ese entonces, ahora me doy cuenta, si se hubiera dejado ganar por el miedo, no habría sido el Jesús que debía ser. Recuerdo claramente lo que me dijo el día en que me senté con él sobre el muro de la plaza de Cafarnaúm: "Debo hacer la voluntad de mi Padre".

¿Está vivo de verdad o es la profundidad de nuestro miedo la que nos lleva a creer ahora en fantasmas? ¿Acaso debemos simplemente dejarlo que descanse en paz, indistintamente del lugar en el que su cuerpo se encuentre, y tratar de continuar nuestra vida a la luz de lo que nos predicó?

Pero este hombre parecía hacer a un lado las leyes de la naturaleza con la misma facilidad que relativizaba nuestras cerradas tradiciones. Y cuando las mujeres dijeron que lo habían visto vivo, no estaban sentimentales ni histéricas. Son mujeres que fueron lo suficientemente fuertes como para permanecer cerca de él, incluso mientras moría frente a ellas. Sospecho que esta historia aún no ha terminado.

❧38❧

La posada en Emaús

Les he asegurado antes que el Consolador estaría con ustedes para acompañarlos y sostenerlos durante estos días.

Esta mañana me despedí de María, Marta y Lázaro y les agradecí profundamente la hospitalidad que me brindaron. Me ayudó mucho haber contado con su apoyo y amistad en medio de estos días tan horribles. Me dirigí a casa y de camino me detuve en una taberna de Emaús para descansar y almorzar.

El lugar estaba muy lleno y había un rumor en el aire. Un hombre llamado Cleofás, al parecer residente de Emaús, era el centro de un grupo enorme de gente apiñada. Escuché el nombre de Jesús y, sin pensarlo dos veces, me dirigí allá para ver de qué se trataba. No podía creer lo que estaban hablando. Ayer, según parece, este Cleofás y su esposa regresaban a Emaús luego de haber celebrado la fiesta de la Pascua en Jerusalén. Estaba contando de cómo un extraño se les unió y los acompañó en su caminata y resultó ser Jesús mismo. ¡Vivo!

Estaba seguro de eso, dijo, porque había visto muchas veces predicar a Jesús, de hecho, se habían convertido en sus seguidores. Cleofás dijo que no lo habían reconocido a lo largo del trayecto, sino hasta el momento de la cena, cuando, después de haberle insistido en que se quedara con ellos, tomó el pan y lo partió en su mesa. Al momento se quedaron extrañados y fue entonces cuando lo reconocieron. E igual de rápido como su tristeza se transformó en alegría, también su presencia se desvaneció de su mesa.

"¿A dónde fue?", preguntó uno de los oyentes.

"¡No lo sabemos! ¡Simplemente se desvaneció!".

"¿Se regresaron a Jerusalén?".

"Aun en plena oscuridad nos arriesgamos a regresar. Teníamos que decirles a los otros miembros del grupo lo que había pasado. Y cuando encontramos algunos de ellos, nos dimos cuenta de que no éramos los únicos con aquella noticia. Algunos de ellos también lo habían visto vivo".

"Ya había escuchado hablar de este Jesús", dijo resueltamente un hombre robusto que estaba entre la gente, "que hacía milagros. Pero no me digan que alguien a quien crucificaron el viernes ahora está vivo. Son puras alucinaciones".

Cleofás volvió hacia él la mirada. "Era tan real como tu suegra", le dijo con una amplia sonrisa. Resultaba obvio el hecho de que ambos eran amigos. Y con un tono serio, Cleofás continuó con su relato. "Era tan real como cualquier persona a la que haya conocido antes. Y estoy cierto de que era Jesús. ¿Acaso mi esposa y yo hubiéramos imaginado la claridad con la que nos explicó cómo es que las Escrituras hablan de un Mesías que habrá de morir al igual que los corderos sacrificados en el templo a fin de salvarnos de nuestros pecados? ¡No soy un tonto, pero tampoco soy así de inteligente!".

"¿Y también lo ha visto la gente en Jerusalén?", preguntó uno de los otros.

"Muchos de ellos. Su amiga María y otras mujeres lo vieron durante la mañana. Y anoche, según dijeron, Simón, Juan y los otros estaban en el lugar donde compartieron la cena pascual con él, y de repente se apareció en medio de ellos. Estuvo hablando con ellos por mucho rato. 'Les he asegurado antes que el Consolador estaría con ustedes para acompañarlos y sostenerlos durante estos días', les dijo. Y se fue de ahí. Fue como nos sucedió a nosotros. Simplemente se desvaneció".

La conversación continuó, pero yo me volví a la mesa para almorzar, aunque difícilmente pude saborear la comida. Debido a un impulso inexplicable, mis pies me llevaron nuevamente al camino y, sin más, me encaminé a casa. Me parecía que debía estar en movimiento a fin de que mi mente pudiera asimilar toda la información que había recibido.

Ahora me encuentro aquí, agotado, escribiendo sobre la mesa de mi taller. Había planeado acostarme temprano. No obstante, ¿cómo puedo dormir cuando el mundo está cambiando en mi derredor? Lo único que puedo hacer es poner todo esto en palabras.

No hace mucho, hubo un momento en que Jesús ocupaba ciertas partes de mi semana, es decir, los días en que me encaminaba hacia el lago o hacia la posada de Zenoff para escuchar hablar y predicar a este hombre. Esos días me parecen ahora lejanos. Jesús parece estar ahora en todas partes. ¡Ha tomado mi vida por completo!

Después de todo, su Padre nunca le volvió la espalda.

Jesús vive, ¡está vivo! ¿Qué significa esto verdaderamente? Ciertamente, todo el mundo debe cambiar. ¿Cómo será ese cambio en nuestra vida? ¿Qué haremos ahora, o cómo actuaremos, debido a este evento tan extraño y maravilloso a la vez? ¿Qué vida nueva ha comenzado para todos nosotros?

Posdata

Gracias al continuo avance de la investigación en materia de historia, literatura, antropología y arqueología, se hace posible que tengamos un mejor entendimiento del proceso que desembocó en nuestras Escrituras Sagradas. Por ejemplo, ahora sabemos que el Sermón de la Montaña no fue un sermón que se predicó en una sola ocasión, como aparece en Mateo o Lucas (donde es llamado el Sermón en el Llano). Los evangelistas se valieron de sus cualidades narrativas para unir en un solo relato el consejo de Jesús referente a ciertos temas, de tal forma que fuera fácil escucharlos, recordarlos y transmitirlos. La intención no era crear un documento de una corte judicial, sino agregar una dimensión escrita a la historia de Jesús tal como ésta se estaba transmitiendo. Se hizo con la finalidad de ayudar a aquellos cristianos a quienes la geografía o el tiempo les había impedido conocer al Jesús histórico.

Tengo dos grados académicos: una licenciatura en teología (MDiv) y una maestría en educación (MA). Fui superintendente de escuelas católicas durante 16 años, primero en la diócesis de Rochester, Nueva York y después en la diócesis de Columbus, Ohio. Sin embargo, mis estudios de teología y escritura tuvieron lugar en la era en que la encíclica *Divino afflante Spiritu* había abierto la puerta a la "forma crítica" (al análisis histórico-crítico) para los biblistas católicos. Desafortunadamente, mis profesores del seminario decidieron no caminar a través de esa puerta. En consecuencia, mi formación en torno a la Escritura no capturó gran parte de la emoción que los académicos contemporáneos han extraído de los textos evangélicos durante las últimas décadas.

En lugar de eso, había una fijación al sentido literal de las palabras, y había muchas anotaciones del profesor cuando los textos de la Escritura parecían ir en diferentes direcciones. Recuerdo que una vez nuestro profesor de Sagrada Escritura llegó a clase con un rostro radiante debido a un descubrimiento que había hecho. "He conciliado cómo es que el sermón tuvo lugar en la montaña para Mateo, mientras que para Lucas tuvo lugar en el llano". Se puso de pie, se inclinó sobre su escritorio y, apoyando su cabeza en la punta de sus pulgares, anunció su descubrimiento con una sonrisa abierta y triunfante. "¡Jesús fue de la montaña hacia el llano!". Recuerdo el rostro radiante que tenía frente a nosotros, posiblemente esperando un aplauso u ovación. En ese momento sentí deseos de que me tragara la tierra. Estaba seguro de que en torno a la persona de Jesús había algo más importante que el tener la ubicación geográfica precisa.

En el transcurso de los años, mis lecturas y reflexiones me han llevado a través de las puertas por donde mis profesores del seminario se negaron a conducirme. Siento que conozco ahora al Cristo de la teología y de la fe mejor de lo que lo conocí cuando era joven. Pero el Jesús de la historia se me sigue escapando. La personalidad del hombre que enseñó en las orillas del lago de Cafarnaúm y que fue arrestado y ejecutado en Jerusalén continúa siendo algo misterioso para mí. He leído los relatos clásicos de la vida de Jesús que Fillion y Ricciotti escribieron hace más de medio siglo. Sin embargo, la personalidad de Jesús no emerge verdaderamente de esas páginas. Hubo veces en que sentí conocer mejor a Thomas Jefferson o al Papa Juan XXIII de lo que conocía a Jesús.

En los últimos veinticinco años ha habido un creciente interés por parte de los especialistas en materia bíblica por encontrar al "Jesús histórico". Sus estudios y análisis han sido interesantes y hay ayudado notablemente, pero al final son frustrantes. Según los métodos históricos aceptados, la "información" histórica acerca de Jesús es profundamente exigua. Jesús vivió, enseñó y fue ejecutado. Eso es todo lo que nos dice Josefo, el historiador judío. Detalles más allá de eso tienen que filtrarse a través de la memoria y la fe de sus primeros seguidores. Es imposible trazar el origen del color que desemboca en este prisma y decir si su origen está en el Jesús histórico o en el Jesús de la fe. El análisis histórico lucha con la posibilidad de que Jesús verdaderamente hubiera dicho esto o hecho aquello.

Al final, este método puede decir muy poco acerca de su personalidad.

Robert W. Funk en su obra *The Acts of Jesus* [Los hechos de Jesús] se da a la tarea de marcar en rojo lo que Jesús verdaderamente dijo e hizo, en morado lo que probablemente dijo e hizo, y en gris lo que pudo o no pudo haber dicho y hecho. Creo que si hoy mismo el evangelista que escribió el relato de Mateo leyera el libro de Funk, primero quedaría desconcertado, después rompería en una carcajada histérica y finalmente acabaría envuelto en llanto. Diría: "perdiste de vista la intención principal del Evangelio". "No teníamos una cámara de filmación. Intentamos comunicar por escrito el mensaje, no una crónica exacta de todo lo que dijo e hizo".

En cierta ocasión la más joven de mis hijas me desafío a identificar cuatro personajes –del presente o pasado, reales o ficticios– con quienes me gustaría reunirme para compartir un almuerzo. Escogí a Jesús, Pablo, Benjamín Franklin y a mi papá, quien había muerto cuando era joven. Un día pensé que sería interesante crear esas conversaciones en mi imaginación, ayudado por lo que conozco acerca de estas personalidades. Mi fascinación con el diálogo que "mantuve" con Jesús me llevó a las notas iniciales que terminaron por dar forma a este libro.

Por lo tanto, ésta no es una biografía histórica. Más bien, cabe en la categoría de ficción histórica, una novela que coloca los caracteres y palabras alrededor de una personalidad muy conocida y, posiblemente, capte en el proceso al hombre que es la esencia de todo este relato. Al final espero no haber creado un Jesús ficticio. En lugar de eso, deseo que por medio de los relatos y el diálogo, haya encarnado de alguna manera al Jesús que me presentaron por vez primera cuando era niño, hace muchas décadas. Este ejercicio ha sido muy benéfico para mí. Al igual que el zapatero, escribo para cristalizar mi pensamiento en torno a Dios, la vida, la política y las relaciones humanas. Las reflexiones que dieron lugar a los distintos capítulos del diario del zapatero me ayudaron a redescubrir a Jesús, como creo que toda persona cristiana debe hacer de cuando en cuando. Espero que el lector o lectora también haya encontrado aquí a su propio Jesús. Asimismo, espero que también haya logrado ponerse en el personaje del zapatero y encontrar una perspectiva fresca y renovada de nuestro Maestro y amigo.

Debemos reconocer que, al final de todo, Dios no nos envió credos o estructuras eclesiales sino la misma persona de Jesús como la revelación de sí mismo –y de nosotros–.

Reconocimientos

Estoy profundamente agradecido con Bill Shannon y Lisa Biedenbach, cuya fe en este proyecto lo hizo una realidad.

Quiero agradecer de manera muy especial al maravilloso personal de Loyola Press. A Joe Durepos por su entusiasmo, liderazgo y animación a lo largo del proceso. A Vinita Hampton Wright, narradora por antonomasia, quien además de editar el manuscrito original, acrecentó mi capacidad narrativa. A Rebecca Johnson, Yvonne Micheletti, Leslie Waters y a quienes trabajaron tras bambalinas y que gracias a su talentoso trabajo aligeraron la carga en cuanto a la producción editorial.

De manera muy especial aprecio el apoyo y colaboración del "Rooster Group", cuya motivación contribuyó decisivamente a este proyecto. Me siento en deuda con el padre Ray Booth y Sam Lacara, cuyas sugerencias mejoraron considerablemente la presente obra. Y muchas gracias a Larry Lancto, cuya corrección original me libró de la vergüenza que genera la falta de comas y los errores tipográficos. ¡Descansa en paz, Larry!

Una palabra especial de gratitud para Miguel Arias quien realizó la traducción de la obra y también al padre Raúl H. Lugo Rodríguez, de la Arquidiócesis de Mérida, Yucatán, México, quien tuvo la amabilidad de corregir la traducción y de embellecerla, no sólo con su amplísimo conocimiento de la Sagrada Escritura, sino también con su talento poético y narrativo.

Gracias al Señor, quien urdió la trama principal de esta fábula y cuya vida y enseñanza me han desafiado continuamente a lo largo de estos años.

Dan Brent